RESGATAR O BRASIL

JESSÉ SOUZA
RAFAEL VALIM
(Coordenadores)

RESGATAR O BRASIL

Copyright © EDITORA CONTRACORRENTE

Editora Contracorrente	**Boitempo**
Editores	*Direção editorial*
Camila Almeida Janela Valim	Ivana Jinkings
Gustavo Marinho de Carvalho	
Rafael Valim	*Assistência editorial*
	Artur Renzo
Equipe editorial	Thaisa Burani
Carolina Ressurreição	
Denise Dearo	*Divulgação*
Mariela Santos Valim	Ana Yumi Kajiki
Ilustração da capa	*Produção gráfica*
Lúcia Brandão	Livia Campos

Dados Internacionais de Catalogação na Publicação (CIP)
(Ficha Catalográfica elaborada pela Editora Contracorrente)

S719   SOUZA, Jessé; Valim, Rafael; et al.
           Resgatar o Brasil | Jessé Souza; Rafael Valim (coords.) – São Paulo: Editora Contracorrente/Boitempo, 2018.

           ISBN Editora Contracorrente: 978-85-69220-46-6

           ISBN Boitempo: 978-85-7559-647-0

           Inclui bibliografia

              1. Brasil - História. 2. Brasil - Política e governo. 3. Crise política. I. Título.

           CDU: 320.981

Editora Contracorrente
Rua Dr. Cândido Espinheira, 560 | 3º andar
São Paulo – SP – Brasil | CEP 05004 000
www.editoracontracorrente.com.br
contato@editoracontracorrente.com.br

Boitempo
Jinkings Editores Associados Ltda.
Rua Pereira Leite, 373
São Paulo – SP | CEP 05442-000
www.boitempoeditorial.com.br
editor@boitempoeditorial.com.br

SUMÁRIO

SOBRE OS AUTORES 9

APRESENTAÇÃO 11

O ENGODO DO COMBATE À CORRUPÇÃO: OU COMO IMBECILIZAR PESSOAS QUE NASCERAM INTELIGENTES?
Jessé Souza 13

VIRALATISMO EM MARCHA: GOLPE VISA REDEFINIR LUGAR DO BRASIL NO MUNDO
Gilberto Maringoni... 29

O FIM DA FARSA: O FLUXO FINANCEIRO INTEGRADO
Ladislau Dowbor... 45

SISTEMA DA DÍVIDA PÚBLICA: ENTENDA COMO VOCÊ É ROUBADO
Maria Lucia Fattorelli 61

IMPOSTO É COISA DE POBRE
André Horta 83

OS GRANDES NEGÓCIOS QUE NASCEM DA CARTELIZAÇÃO DA MÍDIA
Luis Nassif 103

O DISCURSO JURÍDICO BRASILEIRO: DA FARSA AO CINISMO
RAFAEL VALIM 115

SOBRE OS AUTORES

ANDRÉ HORTA

Filósofo, autor de "Os Estados na Crise do Federalismo Fiscal Brasileiro" (In: Reforma Tributária Solidária. Ed. Fenafisco, Anfip & Plataforma Política Social, 2018). Atualmente é Secretário de Tributação do Estado do Rio Grande do Norte, Presidente do Comitê Nacional dos Secretários de Fazenda dos Estados e Coordenador dos Secretários de Fazenda no Conselho Nacional de Política Fazendária.

GILBERTO MARINGONI

Professor de Relações Internacionais da Universidade Federal do ABC – UFABC. Autor, entre outros, de "A Venezuela que se inventa: poder, petróleo e intriga nos tempos de Chávez" (Editora Fundação Perseu Abramo, 2004), "Simonsen-Gudin: a grande controvérsia do desenvolvimento, 1944-45" (IPEA, 2011) e organizador – com Juliano Medeiros – de "Cinco mil dias: o Brasil na era do lulismo" (Boitempo, 2017).

JESSÉ SOUZA

Doutor em Sociologia pela Universidade de Heidelberg, Alemanha. Pós-Doutor pela Universidade de Bremen, Alemanha, e pela *New School for Social Research*, em Nova York. Livre-Docente pela *Universität Flensburg*, Alemanha. Foi presidente do IPEA entre 2015 e 2016. Atualmente é Professor Titular de Sociologia da Universidade Federal do ABC – UFABC.

LADISLAU DOWBOR

Professor Titular de Economia na Pós-Graduação da Pontifícia Universidade Católica de São Paulo – PUC/SP. Consultor de várias agências das Nações Unidas. Autor de mais de 40 livros sobre desenvolvimento econômico e Social, em particular de A Era do Capital Improdutivo (2017). Todos os seus livros e artigos estão disponíveis online gratuitamente (Creative Commons) em http://dowbor.org.

LUIS NASSIF

Jornalista econômico, introdutor do jornalismo digital e do jornalismo financeiro para pessoas físicas. Prêmio Esso de Jornalismo em 1987. Finalista do Prêmio Comunique-se de Jornalismo desde sua criação. Finalista do Prêmio Jabuti, categoria "Crônicas", com o livro "O Menino de São Benedito". Ex-membro do Conselho Editorial da Folha de São Paulo, do Conselho de Economia da FIESP e do Instituto de Estudos Avançados da Universidade de São Paulo – USP.

MARIA LUCIA FATTORELLI

Coordenadora Nacional da Auditoria Cidadã da Dívida. Membro da Comissão de Auditoria Oficial da dívida Equatoriana, nomeada pelo Presidente Rafael Correa (2007/2008). Assessora da CPI da Dívida Pública na Câmara dos Deputados Federais no Brasil (2009/2010). Convidada pela Presidente do Parlamento Helênico, deputada Zoe Konstantopoulou, para integrar a Comissão de Auditoria da Dívida da Grécia (2015).

RAFAEL VALIM

Doutor e Mestre em Direito Administrativo pela Pontifícia Universidade Católica de São Paulo – PUC/SP. Professor da Faculdade de Direito da Pontifícia Universidade Católica de São Paulo – PUC/SP. Professor Visitante na Universidade de Manchester, Inglaterra. Membro do Comitê Executivo do *Lawfare Institute*. Advogado.

APRESENTAÇÃO

Não há dúvidas de que vivemos um momento dramático de nossa história. Mais uma vez a ganância e o ódio fustigam o povo brasileiro, reavivando as desigualdades seculares, o desemprego, a escravidão, a miséria, a violência, a mortalidade infantil, entre outros males. Regredimos décadas nos últimos anos de golpe. Como resgatar o Brasil que queremos?

O grande propósito deste livro é enfrentar, de maneira franca e acessível, os problemas centrais do Brasil e apontar os verdadeiros inimigos do povo brasileiro.

O falso discurso da corrupção, o cínico estado de exceção jurisdicional implantado no país, as consequências geopolíticas do golpe de Estado de 2016, a rapinagem do sistema financeiro, o esquema espúrio da dívida pública, o injusto sistema tributário nacional que beneficia os ricos e penaliza os pobres e a vergonhosa cartelização da mídia fazem parte da mesma engrenagem cujo resultado é o eterno atraso de nosso país e a exclusão social, econômica e política da maioria de sua população.

Sem uma ideia clara de cada uma das partes que compõem o esquema de poder desta "máquina de moer gente", que é a sociedade brasileira atual, na expressão eloquente de Darcy Ribeiro, jamais conseguiremos travar uma luta política que nos conduza à construção de uma sociedade livre e igualitária.

Vamos à luta e boa leitura!

Jessé Souza e Rafael Valim
Coordenadores

O ENGODO DO COMBATE À CORRUPÇÃO: OU COMO IMBECILIZAR PESSOAS QUE NASCERAM INTELIGENTES?

JESSÉ SOUZA

O nosso comportamento prático e concreto de todos os dias é determinado pelas ideias que temos na cabeça. Como nunca refletimos sobre este fato fundamental, que se torna "natural" e deixa de ser refletido como o ato de respirar e andar, pensamos que as ideias são coisas apartadas que ficam nos livros e que não influenciam a vida real. É isso que nos imbeciliza e nos faz presas de todos os podres poderes interessados na reprodução dos privilégios que estão ganhando. Não refletir sobre as ideias que nos guiam é não refletir sobre a vida que se leva. É ter a capacidade de reflexão e nunca usá-la. E essa é a vida da maioria das pessoas. Essa vida nos aproxima da vida das formigas que são trabalhadoras, ordeiras e incrivelmente disciplinadas e produtivas, mas repetem o mesmo comportamento há milhares de anos e nunca aprendem nada de novo. Pior. É deixar que nossa incrível capacidade de trabalho e aprendizado seja apropriada para o privilégio e riqueza de uma meia dúzia de pessoas. Quem, com capacidade de reflexão e de reação, se deixa explorar, enganar e humilhar por tão poucos foi realmente feito de imbecil. Para mim este é o caso da população brasileira como um todo nos últimos cem anos, inclusive do autor que aqui escreve.

Esse pequeno texto tem este intuito. Esclarecer como nós brasileiros fomos feitos de imbecis por tão poucos até hoje. Como sempre, o principal desafio do conhecimento não é cognitivo. A grande maioria das pessoas pode compreender qualquer coisa dita de modo direto e sem floreios desnecessários. A grande dificuldade humana para aprender qualquer coisa nova é emocional. Afinal, o que aprendemos nos foi transmitido por pessoas que amamos, pais e professores, e depois repetido à exaustão pelos jornais e telejornais, nos filmes e nas músicas também por pessoas que aprendemos a confiar. Desse modo, a mentira que nos engana, explora e humilha adquire o caráter de "sagrado", de algo que sequer admitimos que alguém duvide sem despertar nossa ira e indignação. Esse é o grande obstáculo ao conhecimento humano: nosso medo da verdade e do autoconhecimento.

As crises sociais de grande porte são as grandes facilitadoras do conhecimento novo e crítico. As certezas sociais perdem sua solidez e tudo se desmancha no ar, como diria Marx. É o que acontece no Brasil de hoje em dia. A crise brasileira atual é, nesse sentido, ao mesmo tempo, o momento de maior tristeza e penúria, por um lado, mas também de chance e de oportunidade, por outro lado. E a oportunidade é a de aprender acerca das mentiras que nos escravizam há cem anos e nos roubam a inteligência e a capacidade de reflexão. Os brasileiros foram feitos de tolos e mandados às ruas por uma imprensa venal que prometia a redenção nacional. A ressaca foi a maior rapinagem e o maior saque das riquezas e do futuro brasileiro de que se tem notícia. Tudo em nome do combate à corrupção e pela defesa da moralidade.

A elite brasileira, a elite de verdade que é a elite do dinheiro, que manda no mercado e que "compra" as outras elites que lhes são subalternas, criou o "bode expiatório" da corrupção só da política para desviar a atenção de sua corrupção disfarçada em legalidade. Toda a sociedade tomou doses diárias desse veneno destilado pela mídia, pelas escolas e pela universidade e viu, imbecilizada, como não podia deixar de ser, uma meia dúzia de estrangeiros e de seus capangas brasileiros

O ENGODO DO COMBATE À CORRUPÇÃO

tomarem seu petróleo, sua água, suas terras e todos os recursos para um futuro viável para a nação. Roubaram tudo e nos deixaram pobres. Tudo em nome da moralidade, do combate à corrupção e pelo bem do povo brasileiro.

Uma corrupção que se realiza agora de "verdade", quantitativamente, sem nenhum exagero retórico, literalmente centenas de vezes maior que toda a corrupção política somada. Os demais textos deste livro trazem os números do dinheiro desviado via dívida pública, sonegação de impostos, juros extorsivos, isenções fiscais multibilionárias abusivas da gigantesca rapina da sociedade pela elite financeira. Não se chama isso de corrupção pela aparência de legalidade quando bancos e corporações compram 400 deputados para assinar o que eles querem? Só um imbecil pensaria que o mero procedimento, aparentemente legal, é mais importante que o resultado concreto do saque, não é mesmo? Então como foi possível produzir esses 200 milhões de imbecis, abaixo da linha do Equador, que entregam de mão beijada para estrangeiros e seus asseclas brasileiros tudo que possuem? Essa é a pergunta real e adulta que qualquer brasileiro corajoso tem que se fazer no momento atual. A resposta a esta questão me leva aqui a aprofundar os temas discutidos no meu livro "A elite do atraso", publicado em outubro de 2017.

Tudo começou nos anos 1930 quando o Brasil, pela primeira vez, se encontrou em uma encruzilhada histórica. Até então o que se tinha era a "República Velha", uma máscara pseudodemocrática da antiga sociedade escravocrata, que havia abolido apenas formalmente a escravidão, e mantido primeiramente negros, pobres e marginalizados fora do acesso à terra e depois fora do acesso à educação e construído, conscientemente, uma sociedade para poucos baseada na exclusão econômica e no gozo sádico e cotidiano da humilhação dos oprimidos e abandonados. O fundamento econômico e político da República Velha foi a nascente pujança econômica da elite de proprietários de São Paulo, seja no campo, com o café significando a semente do agronegócio de hoje; seja na cidade, com a riqueza das grandes indústrias e com a classe trabalhadora transplantada da Europa que a cidade passa a ter. A modernização econômica rápida e impressionante não foi acompanhada de progresso político ou por efetivos processos de aprendizado social.

JESSÉ SOUZA

Uma porcentagem mínima da população efetivamente votava e mesmo assim as fraudes eram constantes. As grandes greves de trabalhadores, como a de 1917, foram covardemente reprimidas pela elite que enganou os trabalhadores, não cumpriu acordos que havia assinado e ainda mandou os líderes para a morte ou para o exílio. Foi essa elite poderosa e inescrupulosa, radicada em São Paulo, que perdeu o poder político em 1930 para Getúlio Vargas e seus aliados das elites subalternas do país, descontentes com a hegemonia paulista. O toque popular da revolução 1930 foi dado pelo apoio da classe média nas ruas à "aliança liberal" comandada por Getúlio. Esse foi o dado novo: a legitimação do processo político pelo "povo", a classe média letrada que lia jornais e debatia a política nacional nas ruas. Embora o descontentamento "popular" já tivesse certa tradição na República Velha, foi o "tenentismo", movimento do jovem oficialato do exército, que logrou reunir os temas de descontentamento geral da classe média urbana que nascia nas grandes cidades. A corrupção, a eleição à "bico de pena", a demanda por intervenção e regulação estatal etc., já eram temas na cabeça de todos que sabiam ler na agitação de 1930.

A perda do Estado foi inicialmente percebida pela elite paulista como uma catástrofe. O Estado e seu orçamento sempre haviam sido percebidos pela elite paulista como seu banco particular: pagar o café e sua valorização, importar trabalhadores sem custos, financiar a produção e a infraestrutura etc. Isso tudo sem contar o uso do aparelho de Estado e sua força de violência: a polícia para reprimir trabalhadores, a justiça para legitimar seus desmandos, nada muito diferente do que acontece até hoje. O domínio do Estado pela elite econômica é importante e decisivo por conta dessa captura da força política e dos recursos econômicos do Estado para os interesses da pequena elite de proprietários. Nada muito diferente também de hoje em dia. É isso que leva a elite de São Paulo a ir até a saída militar em 1932 para recuperar seu instrumento de exercício diário de um poder de classe que extravasa os limites da propriedade privada e permite reproduzi-la e aumentá-la.

A derrota militar forçou uma estratégia alternativa e diabolicamente inteligente. A República Velha da elite paulista foi obrigada a se modernizar. Ora, se a legitimidade da revolução de trinta foi conferida pelo apoio da classe média letrada, como garantir o apoio dessa classe à elite e seus interesses para o futuro e eternamente? Como garantir que a rebeldia da classe média nunca mais se manifeste espontaneamente e sem controle, como no apoio a Vargas, mas a partir de agora sempre como "tropa de choque" dos poderosos? Afinal, não se pode chacinar e espancar a classe média como essa elite sempre fez, e faz até hoje, com os trabalhadores e os marginalizados das classes populares. A elite precisa da "lealdade" da classe média, afinal, ela é quem representa os interesses da elite de proprietários, que é sempre muito pequena, seja no mercado, no Estado ou na esfera pública. É ela que supervisiona os trabalhadores e faz a gerência do mercado para os proprietários. É ela que julga e condena de acordo com os interesses da propriedade. É ela também que escreve editoriais e justifica e legitima a dominação de poucos sobre muitos. Por conta disso, a estratégia da elite com a classe média foi do uso da violência simbólica e não da violência material como contra as classes populares. A violência simbólica é aquela que não parece violência, que se vende como "convencimento", mas que, na verdade, retira a possibilidade de reflexão e, portanto, de autonomia.

Mais importante ainda. Como a classe média é uma classe privilegiada, a elite pode construir com ela um "bloco político" para a defesa de privilégios, ainda que injustos. Para perceber isso, no entanto, precisamos nos livrar do lixo pseudocientífico que domina a esfera pública. A concepção de classe que limita a classe social a uma dada renda é mais um meio de obscurecer a realidade do que de iluminá-la. Afinal, renda é algo que alguém recebe quando adulto e existe alguma coisa que acontece na infância e na adolescência das pessoas que fazem com que alguns possuam renda de um milhão de reais e outros de mil reais. A concepção de classe como renda só mostra o resultado do processo e não nos ajuda em nada a compreender o principal: por que, afinal, alguns recebem um milhão e outras mil vezes menos?

É que a classe social só pode ser realmente compreendida como um mecanismo de "reprodução de privilégios", positivos ou negativos, que são herdados de pai para filho. Em relação ao capital econômico da classe de proprietários, não existe qualquer dúvida quanto à natureza da herança de "sangue" e, portanto, sempre injusta, posto que independente do mérito individual. É essa certeza que faz com que países mais avançados politicamente taxem pesadamente a herança e a riqueza material. Já a herança da classe média é "imaterial" e, portanto, invisível para quem se acostumou a ver e perceber só aquilo que se toca e se pega com as mãos, como o dinheiro. Mas o outro grande capital do capitalismo ou da sociedade moderna, além do capital econômico materializado em títulos de propriedade, é o que o grande sociólogo francês Pierre Bourdieu chama de "capital cultural". O capital cultural, ou seja, o conhecimento incorporado pela pessoa como algo inseparável de si mesmo, é aquele tipo de capital que pré-determina as chances de vida das pessoas que nascem em dada classe social não pela posse da propriedade material, mas pela posse do conhecimento considerado legítimo e de seus pressupostos.

O privilégio que a classe média real e estabelecida reproduz no tempo é, primeiramente, o acesso aos pressupostos emocionais e existenciais do conhecimento: como a incorporação da disciplina, do autocontrole, do pensamento prospetivo, da habilidade para o pensamento abstrato, da capacidade de se concentrar etc.; e, depois, também do conhecimento em si, desde que valorizado e prestigioso pela raridade e pelo tempo livre necessário para sua incorporação que só os privilegiados por nascimento possuem. Ninguém "nasce" com esses pressupostos e ninguém aprende nada, de verdade, sem eles. É por conta desse privilégio positivo que os filhos da classe média brasileira chegam aos cinco anos como predestinados ao sucesso na escola e depois no mercado de trabalho. É por conta do privilégio negativo de uma socialização familiar precária, causada pelo abandono e humilhação seculares exercidos pelas classes do privilégio, que as classes populares são punidas com o fracasso escolar, o analfabetismo funcional e a exclusão do mercado competitivo de trabalho. Depois disso tudo, o canalha de classe média, que recebe tudo de berço e de mão beijada, tem a cara de pau de dizer que sua posição foi fruto de mérito individual!

Quando compreendemos as classes sociais deste modo abrangente, que inclui os aspectos simbólicos e sua gênese desde a infância, podemos também compreender a realidade social como um todo e esclarecer todos os seus "mistérios". O bloco de poder entre a elite endinheirada e a classe média do conhecimento se constrói primeiro como uma articulação para reproduzir o monopólio dos dois capitais mais importantes da sociedade moderna e que garantem a reprodução deste privilégio para seus descendentes. A posse dos capitais econômico e cultural combinados decidem, previamente, em favor dos indivíduos das classes do privilégio, todas as lutas sociais pelos recursos escassos sejam estes materiais como carros e casas, ou imateriais como respeito, admiração, prestígio ou reconhecimento social. Todos os indivíduos lutam como podem pela posse destes recursos. A posição de classe desde o nascimento determina em grande medida o destino individual.

As sociedades mais avançadas moral e politicamente – como as democracias sociais europeias – lograram generalizar para a imensa maioria da população o acesso ao conhecimento legítimo e prestigioso. O capital econômico não decorrente da posse de conhecimento sempre foi concentrado em todo lugar. A face democrática do capitalismo, onde ela ocorreu, se deu sempre pela generalização do conhecimento útil e valorizado para o grande número. Antes, em sociedades do passado, o conhecimento era guardado a sete chaves e privilégio de poucos. O Brasil optou por este caminho e este é seu atraso real. Aqui o conhecimento de ponta é privilégio da classe média real que não chega a 20% da população.

Havia, portanto, motivos compreensíveis, ainda que mesquinhos e pouco inteligentes em uma perspectiva de longo prazo, para a aliança pelo atraso e pelo privilégio entre a elite de proprietários e a classe média. Mas na política a legitimação dos interesses é fundamental. Não se pode dizer, por exemplo, na "cara de pau" aos 80% ou 70% de excluídos de algum modo das benesses do mundo moderno, que apenas uma pequena elite e 20% de eleitos terão tudo e eles nada ou muito pouco. O valor máximo do cristianismo e que continua decisivo mesmo nos contextos secularizados é a igualdade entre os indivíduos. Todos são filhos de Deus, ou na versão secular desta ideia, todos são cidadãos com iguais direitos. Como legitimar nesse contexto a exclusão de tantos? Ora, foi aí que entrou a estratégia da elite de cooptar os intelectuais para produzir uma concepção de sociedade adequada a seus interesses que garantisse, simultaneamente, a lealdade eterna da classe média e a proteção ao "direito" dos proprietários de privatizar no bolso de uma meia dúzia a riqueza coletiva.

O papel dos intelectuais é fundamental porque, como dissemos acima, somos seres humanos e não formigas. O que interessa ao poder estabelecido é controlar o "comportamento" das pessoas em dada direção que lhes seja conveniente e nosso comportamento, quer saibamos disso ou não, é orientado por ideias e não por um DNA herdado, como nas formigas. Precisamos saber como a sociedade funciona, em alguma medida razoável, para que possamos orientar nosso comportamento nela. Normalmente se aprende sobre a sociedade por meio dos "mitos nacionais", que nos dizem de onde viemos, quem somos e para onde vamos. Essas são as três questões básicas que os indivíduos precisam saber como orientação existencial e emotiva mínima, e por conta disso todas as grandes religiões mundiais sempre procuraram responder a estas questões. Nas sociedades seculares é a "ciência" que herda da religião o privilégio de dizer o que é a vida e como é o mundo por meio do privilégio de definir o que é verdade ou mentira e, de posse desse poder, de dizer o que é certo e o que é errado. Os modernos mitos nacionais expressam essas necessidades e refletem o novo prestígio da ciência.

Os mitos nacionais são, portanto, uma espécie de "conto de fadas" para adultos, já que o conhecimento efetivo da sociedade e de seu funcionamento real é um desafio gigantesco mesmo para quem passa a vida se dedicando apenas a isso. As pessoas imaginam que conhecem o mundo social simplesmente por fazer parte e conseguir bem ou mal sobreviver nele. Do mesmo modo que imaginam que entendem de futebol simplesmente por gostar do esporte. Ledo engano. No fundo, seguem as ideias dominantes sem ter qualquer noção disso. São elas que orientam nossos interesses no mundo social e comandam nosso comportamento nele. Daí ser tão importante conhecer as ideias dominantes e sua gênese. Conhecê-las é um processo de autoconhecimento. Só precisamos vencer nosso medo da verdade.

Até 1930 o Brasil não possuía um "mito nacional" convincente. É necessário oferecer algo às pessoas com o qual elas possam se identificar e dar a sensação de que estão no mesmo barco. Por conta disso o Brasil era, antes de 1930, um amontoado de potentados regionais e locais, cada qual com sua história e tradição, o que explica, inclusive, boa parte da política dos governadores da República Velha. Ela expressa uma nação fragmentada regionalmente e sem discurso nem ação abrangentes. Quem constrói o primeiro mito nacional convincente é Gilberto Freyre com o lançamento de "Casa-Grande e Senzala", em 1933.

Freyre lutou bravamente contra o preconceito que divide o mundo em todas as dimensões entre aqueles que possuem espírito e aqueles que possuem só seu corpo. Assim como no cristianismo o espírito era a salvação e o corpo o pecado, na sociedade secular tudo que é superior é associado às virtudes espirituais como a inteligência e moralidade; enquanto tudo que é percebido como inferior e vulgar é associado ao corpo e suas "virtudes dominadas" como o sexo ou a agressividade. Assim, as classes "superiores" são as classes do espírito, do conhecimento, e as classes "inferiores", do corpo e do trabalho braçal. Todas as outras divisões morais, sem exceção, vão refletir a mesma divisão fundamental, como homem/mulher, branco/negro etc. O fato de não termos, normalmente, nenhuma consciência disso apenas aumenta a eficácia desse critério universal de distinção. Assim, as diversas "culturas" também refletem essa divisão universal. Os EUA e a Europa representam o "espírito" e sua suposta superioridade inata e a América Latina, África e boa parte da Ásia representam o "corpo" e sua pressuposta inferioridade.

A luta de Freyre foi construir um mito que não fosse "vira-lata", ou seja, que não reproduzisse no pensamento o mesmo preconceito de inferioridade imposto pelos que dominam o mundo sobre os dominados para legitimar sua dominação. Todo o mito freyriano, não por acaso, foi construído em uma luta contra a ideia do americano percebido como povo divino e sem defeitos na terra, que é como os americanos se veem e como todos os vira latas brasileiros veem os americanos até hoje. O seu "elogio da mestiçagem", ainda que com toda a ambiguidade tanto da época quanto de sua teoria, teve este sentido. Getúlio Vargas percebeu bem o potencial inclusivo dessa ideia, já que mestiço era o povo e seus ídolos como Leônidas, o "diamante negro", o primeiro jogador de futebol "pop" que o Brasil produziu. A inclusão dos trabalhadores urbanos com Getúlio nas benesses do mundo moderno foi acompanhada do uso desse mito nacional comparativamente mais inclusivo. Apesar de inimigos pessoais, as ideias de Freyre se casaram, na dimensão objetiva da união entre ideias e interesses, que é a dimensão que importa no mundo, com o projeto de construção de um Brasil industrializado e grande para a maioria da população de Getúlio.

Ainda que este ideário continue importante na dimensão cultural e prática, ele foi logo alvo principal da crítica dos intelectuais orgânicos da elite paulistana e seu projeto elitista. Quando falo de projeto da elite paulistana não falo de São Paulo nem de sua população como um todo. Moro em São Paulo e sei muito bem que boa parte de sua população é ativa e conscientemente contrária ao projeto elitista e excludente que sempre animou a maior parte dessa elite. A reação da elite paulistana foi mandar construir um "mito nacional" concorrente e construiu a USP, universidade construída com o dinheiro desta elite, para fazer este trabalho. É que a elite já tinha construído nos anos 20 o aparato estrutural principal para a dominação ideológica das outras classes, que é a imprensa. Todos os grandes jornais de SP, alguns com outros nomes, mas com os mesmos donos, que é o que importa, foram fundados nesta época e existem até hoje, cumprindo o mesmo papel de distorcer a realidade em nome dos interesses da elite.

Mas a imprensa apenas distribui as informações e as opiniões. Nenhum jornal nem nenhum jornalista cria as ideias que defende. Os bons jornalistas podem ter apropriações pessoais de uma ideia, o que é um desempenho louvável, mas a criação de ideias é feita em outro lugar. Quem possui o prestígio e o treinamento para tanto são os intelectuais. Daí a importância de se perceber como as ideias são construídas e para o interesse de quem. Quando digo que a USP foi criada para realizar este trabalho sujo de enganar a população para proteger os interesses de poucos, obviamente, isso não elimina o fato de que vários professores da USP não só não têm nada a ver com isso como lutaram, com as armas que tinham, contra esse projeto. Este tipo de projeto exige também alguma maturação. A partir de sua fundação em 1934 e da publicação de *Raízes do Brasil* em 1936, essas ideias começam a disputar a hegemonia nos anos 50, chegam a maturidade nos anos 70 e consolidam a nova hegemonia nos anos 90, com Fernando Henrique Cardoso, o mais famoso e influente professor da USP, na Presidência da República. Esta hegemonia é hoje em dia decisiva, inclusive na "esquerda", e explica boa parte da hesitação, confusão e ausência de projeto próprio da esquerda quando esteve no poder.

Que ideias são essas tão eficazes e tão insidiosas que iludiram e ainda iludem tanta gente boa? Para compreendê-las precisamos compreender primeiro a "santíssima trindade" do liberalismo vira-lata brasileiro hoje hegemônico na direita e na esquerda. As figuras principais aqui são Sérgio Buarque, o filósofo da santíssima trindade, posto que o criador das noções mais abstratas que estão hoje na cabeça de todo brasileiro, como personalismo, jeitinho, patrimonialismo, cordialidade etc. É dele que vai sair a ideia de que a corrupção é um traço cultural do brasileiro, o qual seria não só menos produtivo e inteligente que o americano divino e maravilhoso, mas também desonesto de berço. O "historiador" deste liberalismo vira-lata é Raymundo Faoro, que vai recuar até o Portugal medieval a origem desta roubalheira inata da cultura luso-brasileira. Que a noção de "soberania popular" – que vai permitir pela primeira vez na história que se possa falar de "bem público" passível de ser privatizado indevidamente e, portanto, de corrupção no sentido que conhecemos – seja materializada apenas no final do século XVIII não parece ter incomodado ninguém.

O importante nos casos de Buarque e Faoro foi construir uma idealização do passado divinizado dos ingleses e dos americanos para que se pudesse contrapor uma imagem demonizada do Brasil e dos brasileiros. Assim, não importa se a vida na Corte em Portugal fosse exatamente igual à da Corte inglesa. É preciso pôr a semente do mal lá longe na história como se esta fosse a razão dos problemas brasileiros de hoje. Depois é necessário construir conceitos pseudocientíficos para dar um charme de inteligência e de erudição. Para mim, no entanto, o mais irritante é a pretensão de estar fazendo crítica social quando se está legitimando a pior tradição elitista. Daí o brasileiro como emotivo e cordial de Buarque consubstanciada na sua ideia de "homem cordial" que ele retira de Freyre, agora sem nenhuma ambiguidade, e apenas representando a negatividade do "corpo", como vimos acima. A ideia é mostrar como somos inferiores aos americanos percebidos como "puro espírito", não só Inteligência e produtividade, mas principalmente, pasmem, "honestidade" e correção. As falcatruas e roubalheiras do capitalismo financeiro americano, comprovadas na crise de 2008 e que continuam até hoje, como os balanços mascarados de empresas, engodo de clientes, sonegação de impostos em escala planetária, tudo isso foi certamente coisa de algum brasileiro cordial que inoculou o veneno da corrupção nessas almas divinas e puras.

A questão aqui não é a verdade nem nunca foi. A corrupção como traço cultural brasileiro serve apenas para dominar e colonizar as pessoas garantindo que sua inferioridade seja "moralizada". Quem se acha moralmente inferior não tem defesa possível contra seu algoz. Hoje em dia, pela ação da repetição diária na imprensa, venal e vendida desde sempre, nas escolas e nas universidades, essa autoconcepção vira-lata se tornou uma espécie de "segunda pele" de todo brasileiro. Todos se veem deste modo reciprocamente. O passo seguinte de Buarque mostra o "para quê" todo esse lixo ideológico que envenena o próprio povo verdadeiramente serve. É que para Buarque, se todo brasileiro é cordial, emotivo e ladrão, essa desonestidade não se manifesta no mercado. Engraçado isso não leitor? Olha que interessante! Quando Buarque fala da instituição que irá abraçar e ser a moradia do homem cordial ele não tem dúvida de que este é o "Estado patrimonial". A partir dele 99,9% dos brasileiros sejam ou não intelectuais, irão perceber o grande problema brasileiro como a corrupção apenas no Estado e na política. Não por acaso, patrimonialismo vai ser a palavra preferida dos arautos da farsa da *Lava Jato*.

Para quem se interessar em saber por que a noção de patrimonialismo é a ideia mais frouxa e furada que pode existir, vai encontrar nos meus livros, publicados anteriormente, farto material de leitura[1]. Aqui, quero apenas chamar atenção ao óbvio. Lembremos da parte inicial deste texto quando pontuamos que a elite paulistana de proprietários havia perdido o Estado como seu banco particular e privado para Vargas e seus aliados. Ora, existe ideia mais perfeita para os interesses dessa gente do que dizer que apenas o Estado é ladrão? É claro que isso só será usado contra

---

[1] SOUZA, Jessé. *A tolice da inteligência brasileira*. São Paulo: Leya, 2015.

O ENGODO DO COMBATE À CORRUPÇÃO

Vargas, contra Jango e contra Lula e Dilma. Nunca contra FHC, por exemplo. O ataque será seletivo e apenas contra aqueles que forem utilizar o Estado de algum modo para defender, também, por pouco que seja, os interesses da maioria, ou seja, os 80% que não possuem privilégios de nascimento.

Como o leitor saberá nos outros textos desse livro, quem rouba de verdade e centenas de vezes mais, sem exagero retórico, é o mercado e seus donos. O Estado e a política são meros "paus mandados" dos donos do mercado, como todos puderam ver e ouvir no episódio das malas com Aécio e Temer. Mas esse roubo é tornado invisível por uma sociedade que foi imbecilizada por ideias que dizem que tudo que vem do mercado é virtude, como empreendedorismo, honestidade e trabalho duro; e tudo que vem do Estado, desde que se queira usar uma pequena parte dos recursos para a imensa maioria despossuída, é corrupção. Simples assim. É assim que os donos do mundo imbecilizam e moralizam a opressão que exercem. Somos saqueados todos os dias pelos juros mais altos do mundo, os quais sem nenhum motivo racional estão embutidos no preço de tudo que compramos, vendem a preço de banana nossa riqueza e nossos ativos para o futuro, temos uma das comunidades mais sólidas de sonegadores de impostos do planeta, e o povo imbecilizado acredita que o problema é a corrupção apenas na política, a qual é milhares de vezes menor.

Toda grande mentira tem que ter um grãozinho de verdade, senão não engana ninguém. O grãozinho de verdade da balela do patrimonialismo é que se rouba também, ainda que infinitamente menos que o mercado e seus donos, na política e no Estado. Repete-se, nessa oposição Estado/mercado, o engodo da atividade policial que consiste em prender sempre o "aviãozinho" do tráfico, o pequeno atravessador que se expõe nas ruas, mas nunca o dono da boca de fumo, que é poderoso e intocável. Foi o que fez a *Lava Jato,* que nunca quis ouvir as patranhas do mercado financeiro nem da Rede Globo quando quiseram contar.

O terceiro nome da "santíssima trindade" do liberalismo vira-lata brasileiro é Fernando Henrique Cardoso. Se Buarque é o seu filósofo e Faoro seu historiador, FHC é o seu "político", ou seja, aquele que irá realizar como tarefa prática o que os outros idealizaram como ideia. FHC representa o momento de hegemonia absoluta desse processo de dominar o povo e a classe média, que se consolida nos anos 90 do século passado a partir das ideias do liberalismo vira-lata construído desde os anos 30 do mesmo século. Entregar as empresas do Estado a preço de banana para os donos do mercado, desfazer a herança de Vargas como ele explicitou várias vezes, enxugar as funções sociais do Estado, usar o orçamento para turbinar a ação dos bancos à custa do dinheiro de todos, jogar a taxa Selic nas nuvens para propiciar o saque da população inteira pelo rentismo. Essas foram as realizações do governo FHC. O Plano Real, pensado antes de tudo como mecanismo de mercado – afinal a taxa de juro real é o que importa para o rentista que vive de juros, daí a defesa renitente da inflação baixa por todos os jornais vendidos aos bancos – teve como subproduto libertar o povo do flagelo da inflação diária e foi o único momento em que um representante da elite logrou efetivo apoio popular.

FHC fecha o círculo da dominação dessas ideias desde seu começo até sua hegemonia atual que já dura 30 anos. Na perspectiva histórica compreendemos o que ela significa. A República Velha sempre significou ter o Estado como banco privado da elite de proprietários do mercado e por conta disso as eleições e a soberania popular sempre foram o inimigo deste projeto. Quanto menos povo, melhor. Daí que a noção criminalizadora e estigmatizadora da soberania popular de "populismo", untada também de prestígio acadêmico uspiano a partir dos anos 60, tenha vindo se juntar às ideias de "personalismo", ou seja de um "povo de ladrões", e de "patrimonialismo", ou seja, o roubo é apenas do Estado e da política e nunca do mercado e dos proprietários. O populismo diz que tudo que vem das classes populares é suspeito de manipulação já que os pobres, coitadinhos, não foram à USP e às outras universidades que seguiram seu modelo e não compreendem, portanto, como o mundo funciona. A República Velha descobre o meio, não mais militar e nem de violência material apenas, mas pelas "ideias", se apropriando da inteligência e da capacidade de reflexão de cada brasileiro e de cada brasileira, para seus fins, de modo a consolidar seu poder e seus privilégios no tempo indefinidamente.

O ENGODO DO COMBATE À CORRUPÇÃO

Nesse contexto, a classe média e suas frações mais conservadoras, que são, infelizmente, amplamente majoritárias, fica com as migalhas do saque ao povo. Se a elite eterniza seu acesso aos cofres públicos como coisa sua, assalto que sua imprensa comprada comemora como vitória da "austeridade" contra o "populismo", a classe média quer a garantia de que o povo continue como sempre foi: pobre, humilhado e obediente aos senhores da classe média. A República Velha sempre foi a continuidade da escravidão com outros meios, tanto para a elite quanto para a classe média. A classe média, neste sentido, não quer só ganhar mil vezes mais que os pobres. Ela quer o prazer sádico do senhor de escravos, o gozo da humilhação contra quem não tem defesa e tem que aturar calado a piada, o abuso, o insulto, em resumo, a humilhação sob todas as suas formas. Não é apenas a revolta – mesquinha, mas racional – contra os pobres poderem ir à universidade e ampliar a competição pelo bom emprego. É a raiva também de que o pobre possa usar o mesmo avião e o mesmo *shopping center*. É a raiva por perder a empregada abusada de mil formas e os trabalhadores sem outra opção que vender seu trabalho a qualquer preço e sob qualquer condição. É deste modo que a escravidão continua no âmago do nosso cotidiano.

As mesmas ideias que fazem com que a elite ponha no bolso o trabalho e o esforço coletivo de todos, sem que ninguém sequer se dê conta disso, são as ideias que transformam o "canalha" de classe média em herói da moralidade nacional. A palavra "canalha" aqui tem sentido sóbrio e empírico. Chamar o brasileiro conservador de canalha é simplesmente aplicar a noção moral tanto do cristianismo, como do Ocidente moderno, que diz que a encarnação do mal é representada pelos que tem desprezo e ódio pelos mais frágeis. É um ódio covarde, portanto, aquele que faz o canalha de classe média vestir a camisa amarela para protestar na rua contra a suposta corrupção seletiva só do partido que estava fazendo o resgate dos pobres e dos esquecidos. Ninguém saiu às ruas quando as malas de Aécio e Temer foram mostradas na TV. Ora, a resposta é simples: eles podiam estar roubando, na verdade, um crime menor. O crime sem perdão, ao contrário, é diminuir a distância social entre pobres e ricos. Para este não existe perdão possível.

VIRALATISMO EM MARCHA: GOLPE VISA REDEFINIR LUGAR DO BRASIL NO MUNDO

GILBERTO MARINGONI

É muito importante examinar o golpe de 2016 sob o ponto de vista das relações internacionais. Isso nos dá uma dimensão panorâmica do tapetão institucional e nos permite vislumbrar em perspectiva a que demandas a quadrilha de Michel Temer atende no plano mundial. E revela ainda o roteiro de longo prazo perseguido pela malta composta por políticos de direita, donos da mídia, financistas, empresários em busca de favores estatais e todo tipo de aproveitadores que tenta se dar bem no novo ciclo de valorização ampliada do capital e de concentração de renda. Em palavras mais elegantes, trata-se de identificar as classes ou frações de classe que se beneficiam das instabilidades e exceções sofridas pelo Brasil.

Em dois anos de golpe e quatro da Operação Lava Jato, foram destruídos ou estão em processo de desnacionalização os setores de construção civil, estaleiros, carne e derivados, energia elétrica, petróleo e indústria de aviação. A isso se soma a virtual implosão do Mercosul e da Unasul, a redução do papel do Brasil nos BRICS, uma hostilidade crescente em relação à Venezuela e a recusa a uma integração regional pautada pelo desenvolvimento.

É difícil considerar que a contratação de empreiteiras estrangeiras, a encomenda de navios petroleiros e a venda de geradoras de energia para a China, a alienação, a preço vil, de importantes blocos do Pré-sal, a absorção da Embraer pela Boeing e as citadas iniciativas de política externa não sigam uma lógica articulada. O propósito último é redefinir o lugar do Brasil no mundo e devolvê-lo a um papel que se pensava superado há mais de um século.

1. MOTIVOS POR TRÁS DOS ATOS

O que é exatamente o lugar de um país no mundo? Significa o tipo de inserção perseguida na divisão internacional do trabalho, que ordem de produtos exporta e importa, como atua no comércio internacional, que tipo de investimento faz e qual busca atrair no exterior, quem são seus aliados etc. Ou seja, qual seu projeto de desenvolvimento e como se relaciona internacionalmente do ponto de vista da produção.

Assim, examinar a política externa do governo Temer implica descer às raízes mais profundas do golpe e identificar seus objetivos, sua teia de relações e que passos dá para alcançar seus propósitos.

Embora não existam comprovações de participação externa na deflagração do *impeachment*, fica claro, ao longo do tempo, o interesse e a atuação do grande capital internacional na consolidação dos retrocessos que enfrentamos.

O objetivo maior dos usurpadores é baixar o preço da força de trabalho. Esse é o centro da política interna e externa do golpe. A meta é tornar o Brasil atraente e barato para todo tipo de investimento, incluindo-se aí a privatização e a alienação de patrimônio público e de bens e recursos naturais.

A redução do custo do trabalho é vital para se aumentar a competitividade dos produtos exportáveis num mundo de concorrências predatórias e acirradas. A atração de investimentos produtivos se dá pela "vantagem comparativa" de se oferecerem salários mais baixos do que em outros países.[1]

2. ACABAR COM DIREITOS

Não é outro o sentido da reforma trabalhista – que implode a Consolidação das Leis do Trabalho (CLT), retira fontes de financiamentos de sindicatos e aumenta a vulnerabilidade dos trabalhadores. No mesmo caminho vão a pretendida reforma da Previdência, a reforma do ensino médio e a Emenda Constitucional n. 95, que congela o orçamento federal por 20 anos. Os serviços públicos representam custos indiretos do trabalho. Consubstancia-se o maior ataque feito à Constituição de 1988, e praticamente inviabilizam-se investimentos em educação, saúde, segurança, infraestrutura e demais áreas sociais. Cortam-se gastos destinados ao setor da população que mais precisa do Estado, os trabalhadores pobres.

Essa modalidade agressiva de *dumping* social não é exclusividade brasileira. Os pesquisadores Dragos Adascalieti e Clemente Pignatti Morano relatam que, entre 2008 e 2014, foram realizadas reformas trabalhistas em 110 países. O objetivo comum a todas é – repetindo – reduzir o custo do trabalho. O argumento está no artigo "Drivers and effects of labour market reforms: evidence from a novel policy compendium".[2]

Como tal modelo não é aceito sem reação a partir de baixo, intensifica-se a repressão aos setores populares. A intervenção federal do Exército no Rio de Janeiro é a face visível dessa política de exceção que pode se transformar em norma da vida institucional.

---

[1] Em fevereiro de 2017, o jornal *Valor* citava reportagem do *Financial Times* mostrando que a média dos salários no setor industrial brasileiro já era menor que a da China, que historicamente remunerava mal seus trabalhadores (Disponível em: https://www.valor.com.br/internacional/4881644/salario-medio-da-industria-da-china-supera-o-do-brasil-e-do-mexico).

[2] ADASCALIETI, Dragos; MORANO, Clemente Pignatti "Drivers and effects of labour market reforms: Evidence from a novel policy compendium". *IZA Journal of Labor Policy*, Agosto de 2016 (Disponível em: https://izajolp.springeropen.com/articles/10.1186/s40173-016-0071-z). Indicação de Clemente Ganz Lúcio.

O golpe busca inserir o Brasil numa nova divisão internacional do trabalho: arrochando ainda mais salários e direitos e vendendo o país na bacia das almas. Para realizar esse feito, que beneficia uma diminuta camada da população, é preciso empreender várias regressões sociais internas e empurrar o país cada vez mais para a periferia. É de se perguntar por que isso acontece e que nova divisão internacional do trabalho é essa.

3. LIGEIRO RETROSPECTO

Para responder a essa questão, vale um curto retrospecto. Nosso país protagonizou um acelerado processo de industrialização entre os anos 1930-80, deixando de ser uma imensa fazenda de café e tornando-se fabricante de aviões, computadores, produtos de química fina, petróleo refinado etc. e controlando um setor agropecuário de ponta. Internalizamos toda a cadeia produtiva da indústria – bens leves, duráveis e de produção – em um modelo de desenvolvimento associado aos grandes centros capitalistas. O motor dessas transformações foi o Estado brasileiro. Internalizar toda a cadeia produtiva não é algo desprezível. Na periferia do capitalismo, o Brasil foi o único a realizar tal proeza no período.

Quando a economia dos Estados Unidos entra em desaceleração, no início dos anos 1970, o país se vale da proeminência como emissor da moeda universal – o dólar – para externalizar a crise doméstica e buscar a recuperação através de uma série de medidas financeiras. Entre elas estava a desvinculação entre o dólar e seu lastro em ouro e o aumento da taxa de juros. O Brasil – que completava seu processo de industrialização, constituindo setores de ponta à época, como os de aeronáutica, defesa, computação, química fina e energia – é abatido em pleno voo. Com um modelo de desenvolvimento lastreado em financiamento estatal e empréstimos internacionais, a elevação dos juros nos EUA entre 1974-79 tornou os compromissos externos impagáveis. A crise da dívida alastrou-se por praticamente todo o chamado Terceiro Mundo.

O país adentra os anos 1980 com uma contradição insanável: era o único do Sul a dominar todos os ramos da indústria e, ao mesmo tempo, era extremamente vulnerável aos efeitos da desaceleração mundial. Uma forte recessão marcou o início da nova década.

Mesmo assim, em 1985, atingimos o auge da participação da indústria no PIB: 27,5% (para efeito de comparação, deve-se dizer que hoje a marca se encontra abaixo de 10%).[3] Era um tento, alcançado graças ao impulso dado por empresas, pesquisas e fontes de financiamento estatais, juntamente com poupança externa. Quase concomitante a isso, o desenvolvimento produtivo ganhou novas características no mundo rico.

Uma série de progressos tecnológicos alterou o padrão de desenvolvimento industrial. Com automação, revolução digital e robótica, a produtividade aumentou significativamente, reduzindo o contingente de trabalhadores em atividades repetitivas. Várias funções foram substituídas por máquinas e a proporção de trabalho humano nas manufaturas começou a se reduzir paulatinamente. Os salários passaram a ter peso menor na composição final dos preços dos produtos.

O diferencial do preço trabalho fora o fator determinante para a instalação de atividades produtivas fora do círculo dos desenvolvidos, até então. Ou seja, durante a maior parte do século XX, o processo de exportação de capitais do Norte para o Sul foi realizado em busca de redução de custos. Isso envolvia subsídios estatais em energia, terra, saneamento, impostos e – em especial – contração salarial. Essa era parece ter chegado ao fim.

4. A NOVA REVOLUÇÃO

No início do século XXI, o avanço da automação e da robótica nos processos produtivos, combinado com novas formas de gestão, impacta fortemente o nível de emprego e faz avançar a chamada

---

[3] FIESP. *Panorama da Indústria de Transformação Brasileira*. São Paulo, 2017, p. 6. Disponível em: http://webcache.googleusercontent.com/search?q=cache:NaZBHdhdk AsJ:www.fiesp.com.br/arquivo-download/%3Fid%3D191508+&cd=2&hl=pt-BR& ct=clnk&gl=br.

Revolução 4.0 na indústria. Plantas fabris complexas – em especial de bens duráveis – apresentam altíssima produtividade e número decrescente de operários.

Essas características mudam substancialmente a geopolítica produtiva em termos planetários. As manufaturas com intenso uso de tecnologia tendem a sair da periferia e se concentrarem nos países centrais, pois o preço da mão de obra deixa de ser diferencial relevante. No caso brasileiro, os preços de energia e de telecomunicações – consequência das privatizações dos anos 1990 – elevam custos e impactam os investimentos. A isso se soma a sobrevalorização cambial, que torna produtos aqui fabricados relativamente mais caros no mercado externo. Mesmo pesadas isenções fiscais e financiamentos baratos não revertem a tendência desindustrializante observada ao longo das últimas três décadas.

A crise de 2008-09 aprofundou a competição entre países em busca de capitais, fontes de energia e mercados. Com os novos padrões produtivos, a fase de exportação de empresas para o Sul do mundo entra em declínio.

A atração de capitais para essas regiões – para além das privatizações e transferências patrimoniais – vem se dando preferencialmente em setores extrativos – madeira e minérios -, empresas maquiladoras de baixa produtividade e uso intensivo de força de trabalho, como têxteis, calçados, material esportivo e bens de baixo valor agregado. Completa o quadro o agronegócio e setores de serviços. O resultado acaba sendo a exportação de petróleo cru e minério em estado bruto, caminho adotado por duas empresas que já foram de ponta, a Petrobrás e a Vale.

Assim, a força de trabalho deve ser remunerada pelo menor preço possível e possuir mínimos direitos e gastos exíguos por parte do Estado em assistência e seguridade social. O enorme contingente de trabalhadores no Sul – marcada por imensos exércitos industriais de reserva – força um nivelamento por baixo de salários. Daí a disseminação de reformas trabalhistas pelo mundo.

Como pano de fundo, reafirma-se a hegemonia imperial estadunidense no contexto global, através da manutenção da centralidade do dólar na economia mundial, de seu aparato militar, de seu poderio econômico e de sua capacidade de influência cultural.

5. DERROTA DO DESENVOLVIMENTO

A economia política do golpe representa a derrota do desenvolvimento e da industrialização. A meta agora é buscar o investimento externo direto possível em um país que desistiu de um projeto nacional autônomo e soberano. O Brasil tende a competir com regiões marcadas por alta exploração e pouca proteção ao mundo do trabalho. Ou seja, com força laboral abundante, flexível e de baixa qualificação.

Sem centros produtivos de ponta, na visão da coalizão golpista, o país também pode prescindir de pesquisas em ciência, tecnologia e inovação, comprando pacotes do exterior e pagando *royalties* pelo que utilizar. Essa é a dimensão do retrocesso em andamento. Um país nessas condições não necessita realizar pesquisas em áreas de alta tecnologia. Fará isso com que objetivo? Também não precisa de investigações nas áreas de desenvolvimento humano e social. Para que manter cursos de engenharia aeroespacial, petróleo, naval etc. se tudo virá de fora? Para que gastar com Universidades públicas, se a demanda será por mão de obra adestrada para atividades cada vez mais simples em indústrias de segunda linha? O ensino superior privado, sem atividades de pesquisa e extensão, e, por isso, mais barato, pode assumir a tarefa de treinamento para funções de baixa complexidade.

Qual a justificativa para se manterem centros de fomento – CNPq, Capes, Finep, fundações estaduais etc. –, órgãos de pesquisa de ponta – EMBRAPA, IPEA, IBGE, Fiocruz, Fundação Casa de Rui Barbosa e outros – e acervos de variados tipos – históricos, bibliográficos, de ciências naturais etc.? Bancos e agências públicas de crédito para atividades produtivas, como o BNDES, também podem ser paulatinamente desativados ou desvirtuados.

Em uma frase, trata-se de desarticular o Estado e destruir a ideia de Nação, além de erodir a possibilidade de recuperação econômica.

Reduz-se o mercado interno e transforma-se o Brasil em plataforma de exportação. Sobrevivem os grandes empreendimentos e quebram-se os mais frágeis. Adentramos a uma fase muito mais agressiva de neoliberalismo.

Os fatores, sinteticamente aqui arrolados, redefinem a posição do Brasil no mundo e podem forçá-lo a tomar uma rota de maior empobrecimento da população. Para a elite de rapina, não há problemas em sermos importadores de tecnologia e exportadores de bens primários.

6. ADERENTES PASSIVOS

Olhemos novamente pelo retrovisor. Vale a pena destacar uma novidade histórica: esta é a primeira vez, desde o início do II Reinado (1840-89), que as classes dominantes brasileiras abrem mão de um projeto nacional soberano e se colocam como aderentes passivos à ordem internacional. Foi esse o papel desempenhado pelas oligarquias regionais que buscavam se integrar a uma nova divisão internacional do trabalho, a partir dos processos de independência latino-americanos (1810-28). Com mercado interno exíguo, o polo dinâmico da economia era o setor de exportações e o projeto nacional resumia-se a manter fluxos de comércio constantes com os centros consumidores europeus. A disputa por nichos de mercado num mundo hegemonizado pelo liberalismo britânico já era acirrada diante de outros fornecedores latino-americanos. A meta era sempre manter algum excedente externo que viabilizasse a importação de produtos industriais.

Alain Rouquié, em seu *O extremo Ocidente*, nota que as oligarquias não eram o correspondente latino-americano às burguesias empreendedoras da gênese do capitalismo europeu, mas uma classe de contornos incertos que detinha a posse da terra – os meios de produção –, o poder político e, num primeiro momento, a infraestrutura comercial. O que lhe dava caráter nacional – e a colocava algumas vezes em atrito com o capital internacional – era a posse da terra.[4]

---

[4] ROUQUIÉ, Alain. *America Latina*: Introducción al extremo Occidente. Cidade do México: Siglo Veintiuno Editores, 1994, pp. 129-152

Na senda da atual internacionalização selvagem, nem mesmo o território é inegociável. O jurista Dalmo Dallari denunciou recentemente em artigo no *Jornal do Brasil* que

> Inconformados com limitações [legais de venda de pedaços do território a estrangeiros], grandes investidores da área econômica [...], como tem sido amplamente comprovado e agora se confirma, não têm o mínimo respeito pela soberania brasileira e pelos direitos fundamentais dos brasileiros consagrados na Constituição, esses adoradores do dinheiro pretendem que se declare inconstitucional qualquer dispositivo legal que estabeleça restrições à venda de terras para estrangeiros. O que lhes interessa, acima de tudo, é que fique plenamente aberta a possibilidade de fazer negócios com parcelas do território brasileiro, que para eles não tem outro significado a não ser o de bens econômicos que podem proporcionar rendas financeiras.[5]

A burguesia interna sofre uma mutação, a partir dos últimos anos. Operando negócios ligados ao Estado, acabou por apoiar o projeto golpista, que investe pesadamente contra esses vínculos, através do ativismo judicial. Sua ação imediata se resume a transferir patrimônio para compradores externos, buscando ganhos na esfera financeira. O que resta dela funciona como intermediária da integração do país às regras do jogo planetário, abrindo mão de qualquer projeto autônomo. Deixa até mesmo de disputar o mercado doméstico, agora ainda mais internacionalizado.

7. PRÓXIMA PARADA, FIM DO MUNDO

Nesse admirável mundo velho, a vaga reservada ao Brasil não é a de disputa de rumos, mas a de, passo a passo, ver mitigada sua influência externa.

Aqui, como em outras áreas, o destino parece ser o de recolocar o país no figurino que lhe cabia antes mesmo da proclamação da

---

[5] DALLARI, Dalmo de Abreu. "Venda de terras a estrangeiros: vendendo a soberania brasileira". *Jornal do Brasil*, 17.04.2017. Disponível em: http://www.jb.com.br/sociedade-aberta/noticias/2017/04/17/venda-de-terras-a-estrangeiros-vendendo-a-soberania-brasileira/.

República. A política externa do golpe conecta-se com o projeto econômico regressivo interno. Há absoluta articulação entre as duas esferas. Ou seja, a administração Temer age como verdadeiro preposto do grande capital internacional.

Nos tempos da República Velha (1889-1930), a oligarquia agrária moldou o Itamaraty com pelo menos três características principais: A. Conectar o país ao novo centro de poder mundial, os Estados Unidos, B. Criar a ideia de América do Sul como espaço geopolítico, tendo o Brasil como líder regional e C. Acertar disputas de fronteira.

Tais iniciativas – levadas a cabo entre 1902 e 1912 pela gestão do Barão do Rio Branco – pautavam-se nos interesses das classes dominantes e estreitaram as relações no continente como decisivas em nossa ação externa.

O golpe atual eleva a subordinação do país a Washington a um patamar que nem mesmo os governos de Eurico Gaspar Dutra (1946-51) e de Castelo Branco (1964-67) lograram fazer. Essa conduta tira de cena até a tentativa de postar-se à testa da região, como as gestões do binômio café-com-leite almejavam. Perdemos a capacidade de ajudar no diálogo entre forças em disputa nos países com os quais dividimos fronteiras, como Venezuela e Colômbia.

Temos um aprofundamento piorado das diretrizes das gestões de Fernando Henrique Cardoso (1995-2003). Essas foram pautadas pelo abandono da ideia de desenvolvimento, em nome do que o ex-presidente exaltou como a "maior abertura aos fluxos externos de bens, serviços, capital e tecnologia [o que] contribuiu para uma restruturação abrangente de nossa base produtiva".[6] Apesar do tom grandiloquente, tivemos os tradicionais entreguismo e facilidades para o capital externo, bem ao gosto de nossas elites liberais.

Sob FHC, o Brasil assumiu as diretrizes do Consenso de Washington (1989), que recomendavam abertura comercial, privatizações,

---

[6] CARDOSO, Fernando Henrique. "A política externa do Brasil no início de um novo século: uma mensagem do Presidente da República". *Revista Brasileira de Política Internacional*, vol.44, Jan/junho de 2001. Disponível em: http://www.scielo.br/scielo.php?script=sci_arttext&pid=S0034-73292001000100001&lng=en&nrm=iso.

corte de gastos públicos, disciplina fiscal, desregulamentações na economia, câmbio flutuante e a aceitação das regras de propriedade intelectual propostas pelos países centrais.

Com tal bússola, não é à toa que o mote central da administração do PSDB tenha sido a superação da Era Vargas. Em seu discurso de despedida do Senado, logo após sua primeira eleição, em 12 de dezembro de 1994, o ex-sociólogo afirmou o seguinte: "Defendo a flexibilização dos monopólios estatais, para permitir parcerias com a iniciativa privada e investimentos privados na expansão dessas áreas".

A partir daí, o que se viu foi a acelerada venda e desnacionalização de cerca de US$ 100 bilhões em ativos públicos[7], com financiamentos do BNDES, num espaço de oito anos. Foram privatizados bancos estaduais, rodovias, a Embraer (1994), a Companhia Vale do Rio Doce (1997), a Telebrás (1998) e foi quebrado o monopólio estatal do petróleo (1997).

8. RENASCIMENTO DOS DESLUMBRADOS

Para atrair capitais e conectar o país ao que denominou ser um *novo Renascimento*[8], Cardoso orientou sua diplomacia para uma aproximação subordinada a Washington, conformando uma diretriz que, grosso modo, pode ser colocada em linha com as diplomacias de Dutra e Castelo Branco, ambas caudatárias da Guerra Fria e do alinhamento automático a Washington. Segundo Amado Cervo e Clodoaldo Bueno, FHC pautou seus governos pela "adoção acrítica de uma ideologia imposta pelos centros hegemônicos de poder" e pela "eliminação das ideias de projeto e de interesse nacionais"[9].

---

[7] O levantamento é de Aloysio Biondi em seu *O Brasil privatizado*. São Paulo: Fundação Perseu Abramo, 2000.

[8] "FHC vê novo Renascimento e evita falar em desemprego". *Folha de S. Paulo*, 18.12.1997. Disponível em: https://www1.folha.uol.com.br/fsp/1997/12/18/brasil/3.html.

[9] CERVO, Amado Luiz; BUENO, Clodoaldo. *História da política exterior do Brasil*. Brasília: UnB, 2011, p. 491.

Nas oscilações dos mercados globais, Brasil acabou ficando à mercê de uma forte fuga de capitais em 1998 e em 2002, com graves consequências internas. Foram adotadas praticamente todas as imposições vindas do Norte. Caso extremo foi a aprovação da Lei de propriedade industrial, em 1996, e da Lei de cultivares (patenteamento de elementos da biodiversidade), no ano seguinte. Em 1998, o Brasil "reviu sua lei de direitos de autor e criou a lei de *software*, fechando, com isso, o cerco, para não deixar nenhuma liberalidade em outras áreas que possam ter alguma relação com a propriedade intelectual"[10].

Mesmo a mais importante iniciativa de integração regional liderada pelo Brasil, o Mercosul, efetivado em 1991, teve características particulares no período. Naquela década, com todos os países membros submetidos a orientações neoliberais, o bloco tendeu a se tornar um instrumento das políticas do mercado e não uma articulação para o desenvolvimento. A prioridade dos acordos foi a de restringir suas características a temas comerciais, sem estender a associação a terrenos políticos, sociais e culturais.

Essa conduta foi externada, num rasgo de viralatismo sincero, pelo então chanceler Luiz Felipe Lampreia (1995-2001), em artigo publicado em 1998:

> O atual momento da história mundial exige [...] que as opções nacionais se façam dentro dos parâmetros políticos, econômicos, sociais e ambientais predominantes no meio internacional e correspondam, de modo geral, aos valores e desejos dos brasileiros.[11]

Trata-se da versão douta e emplumada da célebre frase de Juraci Magalhães, embaixador do Brasil nos Estados Unidos (1964-67) durante a ditadura militar: "O que é bom para os Estados Unidos é bom para o Brasil".

---

[10] GONTIJO, Cícero. *TRIPS:* o acordo de propriedade intelectual. Brasília: Inesc, 2003, p. 32.

[11] LAMPREIA, Luiz Felipe. "A política externa do governo FHC: continuidade e renovação". *Revista Brasileira de Política Internacional*, vol. 41, Julho/dezembro de 1998. Disponível em http://www.scielo.br/scielo.php?script=sci_arttext&pid=S0034-73291998000200001.

É a partir desses pressupostos que Michel Temer e sua quadrilha buscam construir uma política externa que não pode seguir a tradição voltada para o desenvolvimento, observada no Itamaraty – com variadas nuances e particularidades – desde o início dos anos 1950. A gangue segue outra vertente, a das exceções liberais.

9. A POLÍTICA EXTERNA DE LULA

A política externa do governo Lula representou a retomada e a ampliação da tradição que genericamente pode ser classificada como desenvolvimentista na agenda nacional, embora não tenhamos vivido claramente uma fase desenvolvimentista. Os governos petistas nunca chegaram a romper com o neoliberalismo, mas buscaram – até 2012 – aumentar o investimento público quando o saldo das exportações assim permitia. A partir dessa base, o ministro das Relações Exteriores, Celso Amorim (2003-2010), denominou suas diretrizes de *política externa altiva e ativa*.

A relativa autonomia brasileira observada entre 2003 e 2010 foi possibilitada pela expansão internacional do mercado de *commodities*, que gerou saldos expressivos na balança comercial, e pelas prioridades estabelecidas pelos Estados Unidos na chamada "guerra ao terror". Isso fez com que as energias principais da política externa de Washington se voltassem para o Oriente Médio e a Ásia e ficassem em segundo plano as iniciativas na América Latina. Vale ressaltar que os EUA se desgastaram ao participar, em 2002, do atabalhoado golpe de Estado na Venezuela, deixando caminho aberto para ousadias diplomáticas dos países da região.

No Brasil, tal quadro deu margem internamente a uma política fiscal expansiva, entre 2005-10, com a adoção de ações sociais focadas, elevação real do salário mínimo e taxas ligeiramente mais altas de crescimento do PIB, em relação ao observado nos anos 1990. Possibilitou também o advento de uma eficiente orientação anticíclica, com participação ativa de bancos públicos, o que evitou a propagação interna dos efeitos da primeira fase da crise internacional de 2008-09.

Nessa conjuntura, a política externa buscou ampliar e diversificar o leque de parceiros na esfera do comércio. Assim, além de a China ter se tornado o maior destino das exportações brasileiras, houve sensível incremento de relações com a América Latina, a África e o restante da Ásia. Essa percepção é confirmada pelo aumento do número de postos diplomáticos no exterior. De 150, no fim de 2002, passaram a 228, em 2014. O número de diplomatas fora do país subiu de 549 para 898 no mesmo período.[12]

O Brasil teve papel relevante na inviabilização da Área de Livre Comércio das Américas (Alca), durante a Cúpula de Mar Del Plata (Argentina, 2005), e assumiu o protagonismo na transformação do Mercosul de área de livre comércio em união aduaneira e bloco político. Além disso, a constituição do G-20 em 2003 e da União de Nações Sul-Americanas (Unasul) em 2008, a articulação entre Brasil, Rússia, Índia, China e África do Sul que resultou na constituição do BRICS em 2010 e as tentativas de negociação do programa nuclear iraniano, no mesmo ano, foram resultados exitosos do Ministério comandado por Celso Amorim.

A atuação internacional do Brasil, entre 2003-13, buscou consolidar a identidade de potência emergente, mediadora entre o Norte e Sul global, com capacidade de incidência no sistema internacional. Expressão maior disso foram as disputas brasileiras em organizações multilaterais, como OMC, FAO, Comissão Interamericana de Direitos Humanos e Conselho de Segurança da ONU. Almejou protagonismo nos debates sobre desenvolvimento e se lançou como empreendedor de normas internacionais. Teve participação central nas agendas multilaterais de comércio, finanças, meio ambiente, direitos humanos e outros temas.

Não ocorreu um afastamento diante dos Estados Unidos, mas uma ação hábil na cena global, especialmente nas relações com o mundo em desenvolvimento.

---

[12] Dados do Ministério das Relações Exteriores.

10. O DESMONTE E A PONTE

Voltemos ao início deste capítulo. O legado Lula/Amorim – que sofreu recuos na gestão Dilma Rousseff – está sendo aceleradamente desmontado pelo Itamaraty do golpe. A formulação – digamos – teórica da nova gestão foi apresentada no documento intitulado *Uma ponte para o futuro*, lançado pela Fundação Ulysses Guimarães, do PMDB, no segundo semestre de 2015. A diplomacia pretendida pelos conspiradores era ali enunciada na penúltima página do livreto, em um único parágrafo:

Realizar a inserção plena da economia brasileira no comércio internacional, com maior abertura comercial e busca de acordos regionais de comércio em todas as áreas econômicas relevantes – Estados Unidos, União Europeia e Ásia – com ou sem a companhia do Mercosul, embora preferencialmente com eles. Apoio real para que o nosso setor produtivo integre-se às cadeias globais de valor, auxiliando no aumento da produtividade e alinhando nossas normas aos novos padrões normativos que estão se formando no comércio internacional. São dignas de nota duas afirmativas. A primeira delas: "realizar a inserção plena da economia brasileira no comércio internacional [...] com ou sem a companhia do Mercosul".[13]

Uma ponte para o futuro destaca ainda que o governo deveria oferecer: "Apoio real para que o nosso setor produtivo integre-se às cadeias globais de valor". Não está detalhado que tipo de integração seria essa. Mas, a se confirmar a afirmação feita em parágrafo anterior do documento – "executar uma política de desenvolvimento centrada na iniciativa privada" –, anuncia-se que o bando que empalmou o poder estaria aberto a negócios de toda ordem.

Aliás, seria interessante que os autores do texto explicassem o que significa "política de desenvolvimento centrada na iniciativa privada", algo não observado em qualquer tempo ou lugar da história do capitalismo mundial.[14]

---

[13] PMDB. *Uma ponte para o futuro*. Brasília: Fundação Ulysses Guimarães, 2015, p. 18. Disponível em https://www.fundacaoulysses.org.br/wp-content/uploads/2016/11/UMA-PONTE-PARA-O-FUTURO.pdf.

[14] A esse respeito, ver, entre outros, o clássico de Karl Polanyi: *A grande transformação*. Rio de Janeiro: Campus/Elsevier, 2000, capítulo 5.

GILBERTO MARINGONI

O enfraquecimento e mudança de papel do Mercosul, a perda de protagonismo do país junto aos BRICS – em especial no que toca ao seu banco – e a destinação do Brasil a um papel cada vez mais irrelevante na cena mundial formam as linhas mestras da política externa um país em acelerado processo de reprimarização produtiva.

Tais marcas acontecem em um mundo de turbulências políticas e sociais crescentes, agravadas pelas opções ultraliberais adotadas no centro do sistema – Estados Unidos e União Europeia – e pela desaceleração chinesa.

É uma política frágil, inconsistente e que realiza o feito de condenar um país que já foi a sétima economia do mundo em anos recentes a um papel para lá de secundário no cenário global.

Vale reafirmar: todas essas mudanças têm como centralidade os choques em torno do fator trabalho.

O FIM DA FARSA:
O FLUXO FINANCEIRO INTEGRADO[1]

LADISLAU DOWBOR

Escrevo o presente artigo cansado da imensa farsa que representa a forma como se tem analisado a política econômica nos últimos quatro anos. O grau de distorção é espantoso e a sobrevivência do discurso, incessantemente repetido nas mídias, só pode ser explicada pelo desconhecimento profundo, por ampla maioria da população, de como funciona a economia, que dirá de seus números. Esse último fato, aliás, resulta em boa parte do fato que ninguém nunca recebeu, no ciclo escolar, uma só aula sobre como funcionam a moeda, os bancos e as contas públicas. O movimento do dinheiro é considerado coisa de gente grande, ou seja, de gente de dinheiro. Melhor ensinarmos as peripécias de Dom João VI.

1. O CÍRCULO VIRTUOSO DA ECONOMIA

E, no entanto, não há tanto mistério assim. Como funciona a economia, quando funciona? É só seguir o bom senso. Fazer funcionar

---

[1] Farsa: "Ação ou comportamento ardiloso que induz ao engano; mentira: a campanha foi uma farsa, ele tinha a ficha suja. Por extensão, ação que busca iludir; embuste, fingimento; comédia de nível inferior, ruim" (Dicionário online).

a economia consiste em orientar os recursos em função das necessidades das famílias. E não é tão complicado saber do que as famílias necessitam. Ao dirigir os recursos para a base da sociedade, para as famílias que transformam a sua renda em consumo, aumentamos a demanda por bens e serviços. Essa demanda permite uma expansão das atividades produtivas por parte das empresas. Tanto o consumo gera receitas para o Estado por meio dos impostos sobre o consumo, como a atividade empresarial gera receitas por meio dos impostos sobre a produção. Isso permite que o Estado recupere o que colocou inicialmente na base da economia, cobrindo o deficit inicial, e expandindo a sua capacidade de ampliar a dinâmica com investimentos em infraestruturas e políticas sociais. Por sua vez, os investimentos em infraestruturas dinamizam atividades empresariais e empregos. E as políticas sociais, em saúde, educação, cultura, segurança e semelhantes, constituem investimentos nas pessoas, asseguram o consumo coletivo que melhora o bem-estar das famílias e torna o conjunto da economia mais produtivo. Professores, médicos, agentes de segurança também representam empregos. Consumo de bens e serviços, produção empresarial, e investimento público em infraestruturas e bens de consumo coletivo se equilibram no ciclo econômico.

Esse ciclo econômico-financeiro, em que se melhora o acesso aos bens de consumo e ao consumo coletivo por parte das famílias, em que se amplia o mercado para as empresas, em que se reduz o desemprego pela expansão geral de atividades e em que o Estado resgata o seu equilíbrio financeiro por meio dos impostos correspondentes, é chamado simplesmente de círculo virtuoso. Funcionou no enfrentamento da crise de 1929 nos Estados Unidos (*New Deal*), com forte imposto sobre as fortunas financeiras (até 90%) e expansão das políticas sociais e dos processos redistributivos. Funcionou na reconstrução da Europa no pós-guerra (Estado de Bem-Estar, *Wellfare State*), com aumento sistemático da capacidade de compra das camadas populares, ao se assegurar aumento dos salários proporcionalmente aos aumentos de produtividade, e naturalmente a expansão das políticas sociais de saúde, educação, segurança e outros baseadas no acesso universal público e gratuito. Funcionou também na reconstrução da Coreia do Sul, que manteve um grau de desigualdade muito baixo, e funciona hoje na China que prioriza a expansão do consumo popular e dos investimentos do Estado em infraestruturas e políticas sociais. E funcionou obviamente na fase 2003-2013 no Brasil. O óbvio ululante de hoje é que sabemos perfeitamente o que funciona em termos econômicos. É orientar os recursos para onde são mais necessários, não para a "economia" em termos abstratos, ou para o "superávit primário" e outras invenções, mas sim para o conforto e bem-estar da população.

O que não sabemos é como conciliar o modelo que funciona com a vontade dos grupos financeiros hoje dominantes de extrair da economia mais do que para ela contribuem. Porque quando um dos agentes do ciclo econômico se apropria de muito mais do que contribui, o sistema se desequilibra. Vendem-nos a ideia que mais dinheiro nas mãos dos mais ricos irá se transformar em mais investimentos produtivos, empregos e produtos. Mas o único resultado serão maiores fortunas financeiras e o drama que hoje enfrentamos, de 1% deter mais patrimônio do que os 99% seguintes. No Brasil, esta proporção está na seguinte praça: seis famílias detêm mais patrimônio do que a metade mais pobre do país, e os 5% mais ricos detêm mais do que os 95% seguintes. De onde vem tanta fortuna em tão poucas mãos? Da apropriação, por parte de uma ínfima minoria, de muito mais patrimônio do que a sua contribuição produtiva. Há ladrões no pedaço. Ou, como o fato é apresentado na linguagem econômica, agentes econômicos com contribuição líquida negativa. Se eu bato uma carteira, também se trata, para a minha vítima, de uma contribuição líquida negativa. Podemos trabalhar e produzir, colocar mais água na bacia, mas se ela vaza, não vai adiantar muito.

2. O BEM-ESTAR DAS FAMÍLIAS

O objetivo geral da economia é, ou deveria ser, o bem-estar das famílias, a ser assegurado de maneira sustentável, ou seja, sem destruir o futuro dos nossos filhos. Esse bem-estar não se resume ao salário, à renda que auferimos. A renda tem papel essencial, sem dúvida, permite comprarmos o remédio, pagar o aluguel e assim por diante. Mas quase igualmente importante é o que chamamos de salário indireto, o acesso ao consumo coletivo que se torna possível quando o país dispõe de sistemas públicos de saúde, educação, cultura, segurança e semelhantes.

O canadense, para dar um exemplo, tem um salário inferior ao do norte-americano, mas tem creche de graça para o seu filho, em seu bairro, e escola com infraestruturas esportivas, ruas arborizadas que melhoram a qualidade de vida e assim por diante. É significativo constatar que o Canadá assegura o acesso aos serviços de saúde sob a forma de serviço público, gratuito e de acesso universal, conseguindo excelentes resultados com um gasto médio de 3,4 mil dólares por pessoa e por ano, enquanto o americano médio gasta – tirando do bolso, numa transação comercial – em média 9,4 mil dólares. A avaliação da OCDE é que os Estados Unidos têm o sistema de saúde mais ineficiente do conjunto dos países desenvolvidos. A saúde do britânico custa 4 mil dólares ao ano, com nível bastante superior. O salário indireto funciona.

O bem-estar das famílias depende também de investimentos em infraestruturas, o que inclui desde a rua asfaltada até a disponibilidade de rios limpos para o lazer, organização de sistemas de transporte público decente, acesso à água segura, à própria energia elétrica, ou ainda à banda larga gratuita assegurada como serviço público, como já existe em tantas cidades do mundo. O importante para nós aqui, ao desdobrarmos o bem-estar das famílias em renda direta para gastos do cotidiano, acesso a bens de consumo coletivo e infraestruturas que nos permitam um cotidiano equilibrado e condições ambientais razoáveis, é que essas três dinâmicas que nos permitem ter uma vida digna precisam de muito mais do que o setor privado.

O próprio acesso à renda, o *pocket-money,* depende, sem dúvida, dominantemente do acesso ao emprego e ao salário, mas depende também de transferências para quem se aposentou, para quem deixou de poder trabalhar, ou que simplesmente não tem como arrumar um emprego, ou seja, depende de transferências monetárias a partir do sistema público. E o acesso aos serviços sociais básicos, onde funciona bem, seja na Coreia do Sul, na China, na Alemanha, na Finlândia ou no Canadá, constitui essencialmente um sistema público e gratuito de acesso universal. Dizemos gratuito, mas é pago, naturalmente, de forma indireta através dos nossos impostos. É também salário indireto. E a simples constatação de tantas análises de produtividade das políticas sociais é que são muito mais eficientes quando asseguradas de forma universal e gratuita. Onde esse sistema é substituído por empresas com fins lucrativos, teremos educação para ricos e educação para pobres, saúde para ricos e saúde para pobres e assim por diante, com todas as tensões e perdas de produtividade sistêmica que resultam.

3. O EQUILÍBRIO ENTRE ESTADO, EMPRESAS E SOCIEDADE CIVIL

A visão geral, baseada na constatação do que funciona pelo mundo afora, e não em simplificações ideológicas, patos e panelas, é que temos de buscar uma economia que sirva à população e não o contrário. Boa economia consiste em bem gerir os nossos interesses comuns.

O que nos interessa em particular aqui é que já se foi o tempo em que a massa da população dependia apenas do dinheiro de bolso, do salário ou outra fonte de renda. A política pública, em qualquer sociedade que funcione, representa como ordem de grandeza 40% da economia. Não por populações gostarem do *"nanny state"*, estado-babá como dizem com desprezo os americanos, mas porque é mais eficiente em termos de cálculo de custo-benefício elementar, e porque assegura uma maior igualdade social. Ou seja, na principal área de atividades que são as políticas sociais, e que adquiriram nas últimas décadas e no mundo peso econômico maior do que a indústria e a agricultura somadas, não funcionam os mecanismos de mercado, e sim políticas públicas.

Onde as áreas sociais são apropriadas pelas empresas resultam a indústria da doença, a indústria do diploma e a pasteurização da cultura, em vez de políticas inteligentes em termos de resultados econômicos, sociais e ambientais. No setor de segurança, o que era combate à pobreza se transformou em combate aos pobres. Mas a área de atividades econômicas que se agiganta – a das políticas sociais – pode ser um poderoso eixo estruturante de formas descentralizadas e participativas de organização econômica e social: é onde se situam prioritariamente as organizações da sociedade civil. O sueco médio participa de quatro organizações não-governamentais. O controle social é vital para o sistema funcionar. A conectividade, a facilidade de articulação e as facilidades de organização de sistemas participativos que a urbanização permite abrem espaço para uma governança muito mais descentralizada e participativa. Em particular, a inoperância e ineficiência dos sistemas privados nessa área abrem oportunidades de mudança política e social, por meio de parcerias entre políticas públicas e as organizações da própria comunidade: pois é a comunidade que mais sabe do que precisa.

Em outros termos, para colocar a economia no círculo virtuoso, e para assegurar o bem-estar das famílias, temos de sair da gritaria pelo estado mínimo, de apontar para o "impostômetro" e de perseguir as organizações da sociedade civil, buscando, pelo contrário, assegurar um equilíbrio entre essas três formas básicas de organização social. Hoje, o Estado está vendo a sua capacidade de implementar políticas públicas desmanteladas, as empresas estão se transformando em gigantescas pirâmides de poder corporativo controladas pelo sistema financeiro, e as formas organizadas de participação da sociedade, fundamentais para que o conjunto funcione, estão sendo criminalizadas. Como se diz no futebol, é o movimento do caranguejo.

O objetivo geral do desenvolvimento pode ser resumido no conceito de desenvolvimento economicamente viável, socialmente justo e ambientalmente sustentável. Encontra-se detalhado nos Objetivos do Desenvolvimento Sustentável, a Agenda 2030. E para ser implementado com sucesso, exige que se assegure o equilíbrio do ciclo econômico, a centralidade do bem-estar das famílias, e uma articulação equilibrada dos papéis do Estado, das empresas e das organizações da sociedade civil. Não bastam os objetivos, temos de organizar o processo decisório correspondente. A "narrativa" de que devemos privatizar, maximizar os lucros corporativos e recorrer ao Estado mínimo repousava na ideia de que, de posse de mais dinheiro, os ricos iriam investir mais, gerar mais produção e, portanto, mais emprego, o que geraria maior produtividade social. Hoje as corporações se apropriam de mais dinheiro, e fazem mais aplicações financeiras, que não geram nem empregos nem produtos. É a era do capital improdutivo.

A grande evidência que está hoje no centro das análises renovadas da economia é que a absurda concentração de poder e de recursos nas mãos dos gigantes financeiros está aprofundando a concentração de renda e de patrimônio, ampliando os desastres ambientais, e nos jogando a todos no marasmo planetário que hoje vivemos. Não haverá equilíbrios econômicos sem equilíbrios sociais e ambientais. No nosso caso, é bastante fácil ver onde o sistema está vazando, como se gerou o parasitismo do sistema financeiro.

4. A QUEBRA DO CÍRCULO VIRTUOSO BRASILEIRO (2003-2013)

O círculo virtuoso funcionou sim no Brasil, entre 2003 e 2013, fase que o Banco Mundial chamou de "década dourada" da economia brasileira. Foram criados cerca de 20 milhões de empregos formais, o desemprego baixou para 4,8%, próximo do pleno emprego. O salário mínimo se tornou digno, mesmo que insuficiente, puxando a elevação salarial em geral. Um conjunto de processos redistributivos atingiu 13 milhões de famílias, cerca de 50 milhões de pessoas. Cerca de 15 milhões de brasileiros passaram a ter acesso à eletricidade, mudando radicalmente as suas condições de vida, e inclusive as condições de estudo das crianças. A população universitária mais que dobrou e abriu-se o acesso ao "andar de baixo". E tudo isso gerou demanda, que gerou expansão produtiva, o que por sua vez manteve equilibradas as contas públicas. A grande farsa montada é que a generosidade com os eternamente excluídos do Brasil constituiu populismo e quebrou as contas públicas. Chamar de populismo uma política que responde às necessidades da população é até curioso: governo é eleito para fazer o quê? E dizer que quebraram as contas públicas é simplesmente uma mentira: quando lançam a grande guerra contra o governo, em 2013, o governo apresenta um superávit de 1,4% (resultado primário) e um deficit total de 2,1% ao contarmos o dreno que constituem os recursos transferidos para os bancos. A Europa considera normal trabalhar com deficit de até 3%. Entramos aqui radicalmente no universo da farsa, incessantemente repetida pela mídia, e justificada em grande parte com argumentos de elevado teor ético, de que estaríamos combatendo a irresponsabilidade e a corrupção. A política do ódio, em política, funciona muito.

A quebra do círculo virtuoso se deu não pelo Estado promover uma política inclusiva, e sim pelo fato do sistema financeiro ter aprendido rapidamente a ir buscar no bolso da massa da população o dinheiro de que dispunha, por meio do endividamento. Ficaram também endividadas as empresas, em particular as médias e pequenas, e evidentemente o Estado. Se as famílias não consomem, as empresas não produzem, e ambos setores passam a pagar menos impostos, o que reduz a capacidade do Estado realizar investimentos em infraestruturas e em políticas sociais. A pá de cal é a própria dívida do Estado, que se vê obrigado a desviar grande parte dos seus recursos para pagar juros aos grupos financeiros. É o círculo vicioso em que nos encontramos travados.

A economia não obedece a leis naturais como leis da física, e sim a leis humanas, ou seja, regras do jogo. Na linha de Rousseau, trata-se de contratos sociais. Em 1988, com a nova Constituição, passamos a ter parâmetros legais para o funcionamento do sistema financeiro nacional, por meio do artigo 192, que limitava em particular os juros a 12% ao ano mais inflação. O desmonte começou em 1995, quando se isentou os lucros e dividendos de pagamento de impostos, um escândalo em si. Paralelamente, fixou-se uma taxa de juros sobre títulos da dívida pública (SELIC) na faixa de 25% na época, remunerando os bancos com os nossos impostos, sem que tivessem de pagar impostos sobre os lucros financeiros assim ganhos. Em 1997 autorizaram o financiamento corporativo das campanhas políticas, o que significou a violação do artigo 1º da Constituição, que reza que "todo o poder emana do povo". Agora o poder passaria a emanar das corporações. Levaria 18 anos para que em 2015 o Supremo Tribunal Federal se desse conta da violação do principal artigo da Constituição: o Congresso que hoje temos ainda constitui o resultado de um processo eleitoral hoje inconstitucional. Os políticos assim eleitos aceitaram em 1999 a liquidação do artigo 192 através de uma proposta de emenda constitucional finalmente aprovada em 2003. O sistema financeiro nacional passou a girar solto, sem regulação, e organizado apenas em torno dos interesses dos próprios intermediários financeiros. Em vez de servir a economia financiando o desenvolvimento,

O FIM DA FARSA: O FLUXO FINANCEIRO INTEGRADO

o sistema financeiro passaria a se servir. Nos EUA o governo Clinton também liquidou a regulação financeira em 1999.

Em junho de 2002, Lula lê a *Carta aos Brasileiros*, em que basicamente se compromete a respeitar o sistema. É dentro do sistema, praticamente com sobras, que se conseguiu os imensos avanços que vimos. Mas o caruncho estava dentro do sistema, e o consumia rapidamente. Em 2005, a dívida das famílias representava 18,42% da sua renda mensal, elevando-se para 43,86% em 2013 e chegando a mais de 46% em 2015. Em si não seria um drama, se não fosse a progressiva elevação das taxas de juros que incidem sobre essa dívida. Na era da moeda virtual e do cartão de crédito, cobrar juros elevados (apresentados ao mês para disfarçar) e tarifas absurdas (5% sobre toda compra com cartão na modalidade "crédito") permitiu ir enforcando as famílias. Em dezembro de 2016 havia 58,3 milhões de adultos "negativados", impossibilitados de tomar empréstimos ou de comprar no crediário. Em junho de 2018 eram 63,3 milhões de adultos, 5 milhões a mais em 18 meses. Com as famílias, estamos falando de mais da metade da população brasileira.

Em si o endividamento não seria crítico se não fossem as taxas de juros aplicadas sobre essas dívidas. Conforme os dados da Associação Nacional dos Executivos de Finanças, Administração e Contábeis (ANEFAC), que apresenta os juros efetivamente praticados no mercado, as pessoas físicas pagavam, em outubro de 2017, 132,91% ao ano sobre "artigos do lar" nos crediários, 65,35% em empréstimo pessoal dos bancos, 297,18% no cheque especial e 326,14% no rotativo do cartão. Para se ter ordem de grandeza, na França o empréstimo pessoal no banco custa menos de 5% ao ano e os crediários raramente ultrapassam 10% ao ano. Os juros praticados no Brasil constituem simplesmente um sistema legal de agiotagem, tornado possível pela eliminação do artigo 192 da Constituição que regulamentava o SFN.

As taxas de juros para pessoa jurídica são tão escandalosas quanto as para pessoa física, proporcionalmente. O estudo da ANEFAC apresenta uma taxa praticada média de 65,92% ao ano para pessoa jurídica, sendo 31,37% para capital de giro, 37,67% para desconto de duplicatas e

149,59% para conta garantida. Ninguém em sã consciência consegue desenvolver atividades produtivas – criar uma empresa, enfrentar o tempo de entrada no mercado e de equilíbrio de contas – pagando esse tipo de juros. Aqui, o investimento privado e a produção são diretamente atingidos.

As grandes empresas têm como negociar juros mais baixos por meio do BNDES, enquanto as multinacionais aproveitam juros abaixo de 5% ao ano no exterior. Mas as pequenas e médias empresas estão condenadas a pegar empréstimos nas agências onde têm suas contas e irão pagar juros surrealistas. O mundo empresarial, que já está sendo paralisado pelo travamento da demanda, constata que recorrer ao crédito para passar pela fase crítica é proibitivo. Além disso, como a elevada taxa Selic permite ganhar mais e sem esforço com aplicações financeiras do que investindo na produção, prática que se generalizou, a recessão foi inevitável. A inflação caiu não por alguma habilidade particular de política macroeconômica, mas simplesmente porque com a economia quebrada as empresas passaram a empurrar seus estoques inclusive com perdas. Inflação se equilibra financiando com crédito barato o consumo das famílias e o investimento das empresas, ou seja, equilibrando a demanda com maior oferta, e não quebrando ambas.

Segundo o Banco Central, o estoque de dívida das famílias e das empresas representa cerca de 3,1 trilhões de reais, quase metade do PIB. Muitos países apresentam um volume maior de endividamento, mas nenhum apresenta as taxas de juros cobradas aqui sobre esse estoque. No cálculo que inclui as dívidas de pessoas físicas e de pessoas jurídicas, crédito livre e direcionado, o fluxo de juros extraídos pelos intermediários financeiros chega a 1 trilhão de reais, 16% do PIB, resultado direto das taxas absurdas que vimos acima.

A intermediação financeira não é atividade-fim e sim atividade meio, portanto, representa um custo. Sua função econômica depende da capacidade de fomentar a economia, mediante uma remuneração que precisa ser moderada. Em outros termos, a relação custo/benefício dos bancos tem de ser positiva. A manchete dominical do jornal O Estado de São Paulo, em 18 de dezembro de 2016, resumiu bem a questão:

O FIM DA FARSA: O FLUXO FINANCEIRO INTEGRADO

"Crise de crédito tira R$1 Tri da economia e piora recessão". No mesmo período de 12 meses em que a economia brasileira afundava, o Itaú apresentou aumento de lucros de 32% e o Bradesco de 25%. Os americanos e europeus se espantam com o *spread* bancário de 35%, um ganho sem precisar se dedicar ao trabalhoso processo de identificar projetos, financiar investimentos, enfim, fazer a lição de casa: usar o dinheiro para dinamizar a economia, em vez de extorquir produtores e consumidores.

O quadro já crítico piora naturalmente com a paralisia do importante motor da economia que são os investimentos públicos em infraestruturas e políticas sociais. Os juros internacionalmente praticados sobre títulos do governo situam-se na faixa de meio a um por cento ao ano. O endividamento público só se justifica se a capacidade financeira gerada no governo permite uma dinamização da economia que rende mais do que o custo da dívida. Com uma Selic fixada em 25% ano em julho de 1996, permanecendo neste nível (chegou a 46%) durante a era FHC, e situada na faixa de 14% na era Lula e Dilma (primeiro mandato), o endividamento público se constituiu em mecanismo de transferência dos nossos impostos para os donos dos títulos. Não se tratou aqui de financiar o governo, mas de drenar os seus recursos, desviando os nossos impostos e travando a capacidade de fomento econômico do Estado.

Brasil: Juros líquidos pagos pelo setor público, em % do PIB

Ano	% do PIB
2002	7,6
2003	8,4
2004	6,6
2005	7,3
2006	6,7
2007	6,0
2008	5,3
2009	5,1
2010	5,0
2011	5,4
2012	4,4
2013	4,7
2014	5,4
2015	8,4
2016	6,5
2017	6,1

Fonte: BCB e IPEADATA, elaboração do autor

Em 2015, como vemos no gráfico acima, o serviço da dívida pública drenou meio trilhão de reais (8% do PIB) essencialmente para bancos, mas também para grupos internacionais. Atribuir o deficit das contas e a necessidade de um ajuste fiscal ao excesso de "gastos" com políticas sociais constitui uma farsa. O deficit foi essencialmente gerado pelo serviço da dívida pública. O deficit das atividades próprias do governo, o chamado "resultado primário" das contas públicas, nunca ultrapassou 2% do PIB. Na União Europeia, como vimos, recomenda-se que não passe de 3%. Nada de anormal. No nosso caso, os juros sobre a dívida pública representam até 8% do PIB, dinheiro que poderia dinamizar a economia através do investimento público. Os ganhos improdutivos do sistema parasitário assim criado são em grande parte reaplicados na dívida pública que explode.

Não há dúvidas sobre o efeito multiplicador dos investimentos públicos em infraestruturas. Mas, curiosamente, o conjunto de investimentos em políticas sociais como saúde, educação, segurança e outros são apresentados entre nós como "gastos", quando há tempos em contabilidade se entende essas rubricas como investimento nas pessoas. Inclusive foram esses tipos de investimentos que geraram os principais milagres econômicos, em particular na Ásia, mas também na Finlândia e em outros países. A perda da capacidade de expansão desse acesso universal a bens públicos gratuitos, pelo desvio dos recursos para o serviço da dívida, representa um recuo em termos de desenvolvimento. Particularmente absurdo, nesse contexto, é a EC n. 95/2016 travar as políticas públicas, mas não o gasto com juros, de longe a principal fonte de esterilização dos recursos públicos.

Vimos que os intermediários financeiros extraem, sob forma de juros pagos pelas famílias e pelas empresas, o equivalente a 16% do PIB. Aqui vemos que parte dos nossos impostos, no valor de cerca de 6% a 8% do PIB, conforme os anos, é também transformada em juros por meio da dívida pública. É bom lembrar que, embora a taxa Selic tenha baixado para perto de 7%, a inflação baixou mais ainda, e o estoque sobre o qual incidem esses juros aumentou radicalmente, o que significa que, em termos reais, o dreno continua. Se somarmos os três drenos, sobre a demanda das famílias, a capacidade de investimento das empresas e a capacidade de investimento do Estado, estamos falando em mais de 20% do PIB esterilizados. Não há economia que possa caminhar assim. Apenas uma pequena parte desse montante volta para a economia produtiva, pela simples razão de que os papéis financeiros rendem mais do que investir na produção. É o ciclo do capital improdutivo.

Quando, de 2012 para 2013 o governo Dilma constata a impossibilidade de tocar a economia com os drenos financeiros instalados, reduz os juros nos bancos públicos, tanto para pessoas físicas como para empresas, o que levou muitos a migrarem para o Banco do Brasil e a CEF. E reduz a taxa Selic para conter a transferência dos nossos impostos para intermediários financeiros. A taxa Selic chegou na época a 7,25%. A revolta política contra o governo tem aqui a sua raiz: os bancos privados se veriam forçados a controlar a sua agiotagem e isso atingiu interesses poderosos tanto nacionais como internacionais. Em particular a classe média alta, acostumada a ganhar dinheiro sem produzir, aplicando o seu dinheiro em títulos da dívida pública (tesouro direto), ficou revoltada. A aliança que se formou, com oportunistas políticos, setores do judiciário, a grande mídia e os grupos internacionais (interessados particularmente no petróleo) constituiu a base do golpe. Os golpistas vieram consertar a crise que criaram. Há quatro anos estão consertando.

5. O FLUXO FINANCEIRO INTEGRADO

O dinheiro em si não tem valor nenhum, ninguém come dinheiro, e muito menos quando é um simples sinal magnético. Um país pode imprimir muito dinheiro e não ficará mais rico. Mas o dinheiro representa sim direitos sobre produtos, matérias primas, tecnologias, mão de obra e assim por diante. E o dinheiro aplicado em papéis financeiros permite a sua multiplicação sem produção, ampliando os direitos de quem aplica. Um bilionário que aplica 1 bilhão de dólares com uma remuneração modesta de 5% ao ano está ganhando 137 mil dólares ao dia sem precisar produzir nada. O ganho reaplicado no dia seguinte leva a mais ganhos, gerando o que em finanças chamaram de *snowball effect,* efeito bola de neve. Isso explica em grande parte essa situação patológica para a economia, de 1% deter mais riqueza do que os 99 seguintes, como vimos acima. É um sistema que remunera os agentes financeiros de maneira totalmente desproporcional relativamente ao aporte produtivo.

Essa financeirização da economia, que leva ao desvio dos nossos recursos do investimento produtivo para aplicações financeiras e consequente enriquecimento dos improdutivos é mundial, e está no centro das análises de Thomas Piketty, Joseph Stiglitz, Paul Krugman e muitos outros hoje na primeira linha das discussões mundiais. O Brasil apenas acompanhou o processo, mas de forma muito mais deformada, drenando e paralisando a economia na mesma proporção em que os bancos e outros agentes financeiros aumentam os seus lucros e dividendos, aliás não taxados.

Resumindo a questão, a economia produtiva no Brasil está vazando por todos os lados. Como vimos, as famílias e as empresas pagam aos intermediários financeiros cerca de um trilhão de reais por ano, sob forma de juros e tarifas diversas, por um serviço que não é produtivo, pedágio sobre a economia real. O Estado transfere como ordem de grandeza 400 bilhões de reais ano dos nossos impostos para os que aplicam em títulos da dívida pública, tanto intermediários financeiros como a classe média alta que descobriu como enriquecer sem produzir. Acrescente-se que o sistema de tributação isenta lucros e dividendos, desconhece o imposto sobre fortuna que existe em tantos países, cobra um valor irrisório sobre a herança, e incide com muita força sobre o consumo, o que penaliza particularmente os mais pobres que transformam em consumo tudo o que recebem. O sistema tributário apenas agrava a deformação. Os ricos gritam que não vão pagar o pato. Nunca pagaram.

Acrescente-se uma evasão fiscal da ordem de 570 bilhões de reais por ano, segundo o sindicato dos fazendários. Isso representa 9% do PIB. Quem evade impostos são os mais ricos, os assalariados têm o seu imposto descontado na folha. E temos também a evasão para o exterior, hoje bem estudada pelo *Global Financial Integrity,* que estima em 2% do PIB a evasão por meio de fraudes em notas fiscais com sub ou sobrefaturamento (*transfer pricing*). E finalmente, o fato de que os bancos e grandes fortunas detêm em paraísos fiscais 520 bilhões de dólares, equivalentes a 1,9 trilhão de reais, cerca de 30% do PIB, estoque acumulado de recursos que não

O FIM DA FARSA: O FLUXO FINANCEIRO INTEGRADO

são investidos no país, não contribuindo para o desenvolvimento, e que sequer pagam impostos. Não à toa são chamados de paraísos. Esse é o fluxo financeiro integrado do Brasil, sistema que obviamente quebrou o país e o mantém debatendo-se no fundo do poço já há vários anos, em nome da austeridade e da gestão responsável.

Sabemos perfeitamente o que deve ser feito. É só olhar para a Alemanha, para a China, para o Canadá ou outros países onde o sistema financeiro é utilizado para dinamizar com juros baixos o consumo das famílias, os investimentos empresariais, e as políticas públicas de acesso aos serviços sociais e investimentos em infraestruturas. Como ordem de grandeza, o crédito no Brasil não é alguns "por centos" mais caro do que no resto do mundo, não é 50% mais caro: a diferença é da ordem de 800% a 1200%, basicamente pagamos ao mês o que no resto do mundo se paga ao ano. Isso é inviável. O óbvio é que Dilma foi tirada quando tentou reduzir esses juros, e que a gritaria contra a corrupção, catarse televisiva cotidiana que virou novela, serviu de biombo para a gigantesca expropriação de recursos financeiros do país, devidamente legalizada por um Congresso cuja eleição foi financiada pelos mesmos grupos.

O nosso problema não é saber o que deve ser feito. É conseguir reconstituir no Brasil um sistema político que permita que as medidas sejam tomadas.

SISTEMA DA DÍVIDA PÚBLICA: ENTENDA COMO VOCÊ É ROUBADO

MARIA LUCIA FATTORELLI

O setor financeiro foi muito esperto ao escolher a "dívida pública" para ser o veículo do roubo de recursos públicos, pois o termo "dívida" está ligado a valores morais, como honra e responsabilidade.

Ao contrário de representar ingresso de recursos para investimentos de interesse da sociedade que irá pagar a conta, a dívida pública tem sido gerada por diversos mecanismos que aumentam o seu estoque, mas os recursos vazam para o setor financeiro nacional e internacional. A isso denominamos "Sistema da Dívida".

Todos os anos, o pagamento dos gastos com a chamada dívida pública consome cerca de metade do orçamento federal e sequer sabemos para quem estamos pagando, pois a identificação dos credores é informação sigilosa!

Você paga essa conta de várias formas, pois os tributos arrecadados da população correspondem à principal fonte de alimentação do orçamento federal, que também recebe a receita das privatizações de patrimônio público, o qual pertencia inclusive a você. Outra fonte relevante de recursos orçamentários decorre da emissão de mais títulos da dívida pública, que também é você que terá que pagar!

A auditoria é a ferramenta que irá jogar luz sobre esse escandaloso sistema e permitirá o enfrentamento dos mecanismos causadores do inaceitável cenário de escassez que não combina nem um pouco com a abundância que existe no Brasil.

1. COMO O SISTEMA DA DÍVIDA ROUBA VOCÊ E O BRASIL?

As experiências de auditoria cidadã já realizadas no Brasil – tanto em âmbito federal, como também estadual e municipal – assim como em outros países, em especial Equador e Grécia, permitiram a constatação de que o processo segue um mesmo *modus operandi* e decorre de fatores semelhantes nos diversos locais pesquisados.

Criamos então o termo "Sistema da Dívida", que corresponde à utilização do endividamento público às avessas, ou seja, em vez de servir para aportar recursos ao Estado, a dívida tem funcionado como um instrumento que promove uma contínua e crescente subtração de recursos públicos, que são direcionados principalmente ao setor financeiro privado.

Para operar, o Sistema da Dívida conta com um conjunto de engrenagens articuladas compostas por privilégios legais, políticos, econômicos, suporte da grande mídia, além de determinante influência dos organismos financeiros internacionais.

A dívida é gerada e multiplicada por diversos mecanismos, tais como:

- geração de dívidas sem contrapartida alguma ao Estado ou à sociedade, por exemplo, no estoque da "dívida pública" foram embutidas dívidas do setor privado, passivos de bancos, prejuízos do Banco Central, custo da remuneração da sobra de caixa dos bancos; prejuízo com a cobertura da variação do dólar para especuladores;
- aplicação de mecanismos que promovem o contínuo crescimento da dívida, tais como taxas de juros abusivas; juros

sobre juros; atualização monetária automática e cumulativa; contabilização de juros como se fosse amortização; excessivas comissões e encargos; resgates antecipados com pagamento de ágio;
- refinanciamentos que empacotam dívidas do setor privado e outros custos que não correspondem à entrega de recursos ao Estado, inclusive dívidas com forte suspeita de prescrição;
- programas de "salvamento de bancos" que promovem a transformação de passivos de bancos em dívidas públicas, a exemplo do PROER e PROES;
- esquemas sofisticados de "securitização de créditos" que geram dívida pública de forma disfarçada e inconstitucional, que não tem sido contabilizada como dívida pública e é paga por fora, com recursos arrecadados de contribuintes, desviados durante o seu percurso pela rede bancária e sequer alcançarão o orçamento público.

Esses mecanismos funcionam como engrenagens que, continuamente, geram dívida e promovem a transferência de recursos públicos para o setor financeiro privado.

Em 2015, por exemplo, a dívida interna cresceu R$ 732 bilhões em apenas 11 meses[1]; os investimentos federais ficaram restritos a apenas R$ 9,6 bilhões[2]; toda a economia apresentou queda brutal, com desindustrialização, retração no comércio, desemprego recorde, encolhimento do PIB em quase 4%. Nesse cenário, o lucro dos bancos atingiu R$96 bilhões[3]: 20% superior ao de 2014, e teria sido 300% maior não fossem as exageradas provisões que atingiram R$ 183,7 bilhões[4], e

---

[1] Quadro 36, evolução de fevereiro a dezembro de 2015. Disponível em http://www.bcb.gov.br/ftp/notaecon/ni201601pfp.zip.

[2] Senado Federal – Siga Brasil.

[3] Banco Central. Disponível em https://www3.bcb.gov.br/ifdata/.

[4] TEMÓTEO. Antônio. "Reserva de bancos contra calotes vai a R$ 183,7 bi". *Correio Braziliense*, 04.02.2016. Disponível em http://www.correiobraziliense.com.br/app/noticia/economia/2016/02/04/internas_economia,516532/reserva-de-bancos-contra-calotes-vai-a-r-183-7-bi.shtml.

ainda reduziram seus lucros tributáveis. Bancos não produzem riqueza. É flagrante a transferência de recursos públicos para esse setor, e a engrenagem que faz essa transferência é o Sistema da Dívida.

A dívida pública afeta também os orçamentos de Estados[5] e Municípios.[6]

> No âmbito dos Estados, a Lei Complementar n. 159/2017 impôs drástico ajuste fiscal em troca de moratória no pagamento da dívida dos Estados à União, negociada no final da década de 1990 nos moldes exigidos pelo FMI. Essa dívida já foi paga mais de 3 vezes, embutiu passivos de bancos privatizados e também se multiplicou pela aplicação abusiva de atualização automática (IGP-DI) e juros elevadíssimos.

Esse processo é insaciável e está aprofundando, a olhos vistos, a desigualdade social no Brasil, principal causa do aumento da violência. Adicionalmente, coloca o gigante Brasil na lanterna mundial em termos de crescimento do PIB.[7]

2. COMO O SISTEMA DA DÍVIDA LESA O ORÇAMENTO FEDERAL?

Embora o princípio da transparência esteja previsto na Constituição, não sabemos para quem destinamos quase a metade do orçamento federal,

---

[5] Breve artigo de minha autoria sobre a Dívida dos Estados: *Moratória da dívida dos estados às custas de danos aos servidores e ao patrimônio público*. Disponível em https://auditoriacidada.org.br/conteudo/moratoria-da-divida-dos-estados-as-custas-de-danos-aos-servidores-e-ao-patrimonio-publico/.

[6] Breve artigo sobre a Dívida Paulistana. FATTORELLI, Maria Lucia; BRESSANE, Carmen. *Sistema da dívida em São Paulo*. Disponível em https://www.auditoriacidada.org.br/wp-content/uploads/2014/06/Sistema-da-Divida-em-Sao-Paulo.pdf.

[7] Ver notícia sobre o ranking de crescimento do PIB em 2017. CAVALLINI, Marta. "PIB do Brasil fica em último lugar em ranking com 45 países". *G1*, 01.03.2018. Disponível em https://g1.globo.com/economia/noticia/pib-do-brasil-fica-em-ultimo-lugar-em-ranking-com-45-paises.ghtml.

consumido com o pagamento de juros e amortizações da dívida a beneficiários sigilosos.

O gráfico a seguir retrata o privilégio dos gastos com a dívida, o maior de todos os gastos:

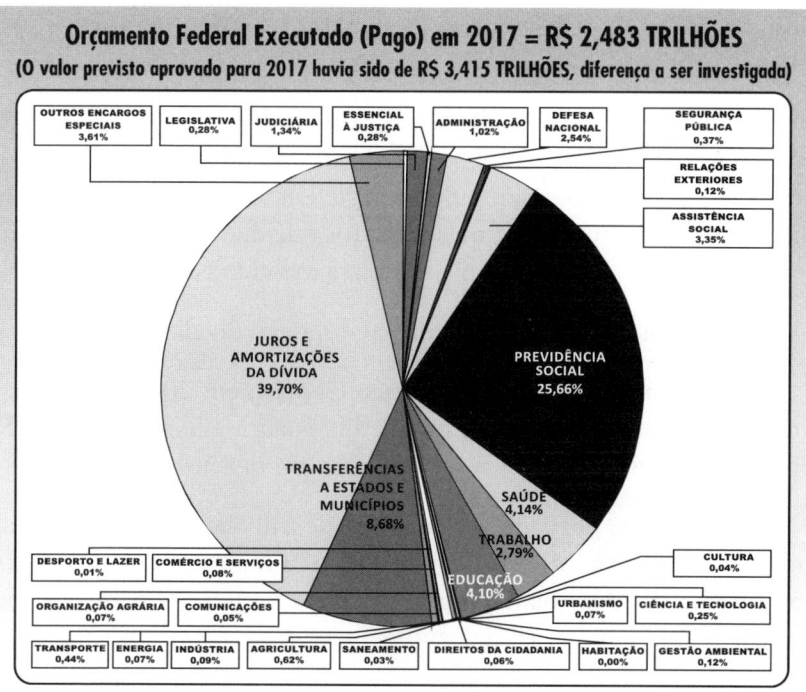

Orçamento Federal Executado (Pago) em 2017 = R$ 2,483 TRILHÕES
(O valor previsto aprovado para 2017 havia sido de R$ 3,415 TRILHÕES, diferença a ser investigada)

- OUTROS ENCARGOS ESPECIAIS 3,61%
- LEGISLATIVA 0,28%
- JUDICIÁRIA 1,34%
- ESSENCIAL À JUSTIÇA 0,28%
- ADMINISTRAÇÃO 1,02%
- DEFESA NACIONAL 2,54%
- SEGURANÇA PÚBLICA 0,37%
- RELAÇÕES EXTERIORES 0,12%
- ASSISTÊNCIA SOCIAL 3,35%
- JUROS E AMORTIZAÇÕES DA DÍVIDA 39,70%
- PREVIDÊNCIA SOCIAL 25,66%
- TRANSFERÊNCIAS A ESTADOS E MUNICÍPIOS 8,68%
- SAÚDE 4,14%
- TRABALHO 2,79%
- EDUCAÇÃO 4,10%
- CULTURA 0,04%
- DESPORTO E LAZER 0,01%
- COMÉRCIO E SERVIÇOS 0,08%
- URBANISMO 0,07%
- CIÊNCIA E TECNOLOGIA 0,25%
- ORGANIZAÇÃO AGRÁRIA 0,07%
- COMUNICAÇÕES 0,05%
- TRANSPORTE 0,44%
- ENERGIA 0,07%
- INDÚSTRIA 0,09%
- AGRICULTURA 0,62%
- SANEAMENTO 0,03%
- DIREITOS DA CIDADANIA 0,06%
- HABITAÇÃO 0,00%
- GESTÃO AMBIENTAL 0,12%

Fonte: Dados SIAFI.

Esse gráfico é elaborado pela Auditoria Cidadã da Dívida anualmente e tem sido objeto de muitos ataques de gente ligada ao mercado financeiro, que tenta de todas as formas esconder as graves consequências que o Sistema da Dívida provoca ao orçamento federal, com reflexos para toda a sociedade e para o país. Por isso é preciso explicar um pouco mais sobre esse gráfico que mostra uma "pizza" muito mal repartida!

Inicialmente, é necessário deixar claro que utilizamos única e exclusivamente dados oficiais para elaborar o referido gráfico. Os dados são retirados do sistema SIAFI, que é elaborado pelo Tesouro Nacional e divulgado pelo Senado Federal.

Em 2017, conforme dados do SIAFI, foram destinados à dívida pública 39,7% do Orçamento Geral da União, ou seja, *R$ 986 bilhões*.

Esse montante vem discriminado em quadro publicado pelo Senado Federal, o qual indica, na coluna "*Pago*" o valor de *R$ 203 bilhões* para o pagamento da despesa com "Juros e Encargos da Dívida" e o valor de *R$ 783 bilhões* para o pagamento de "Amortizações/Refinanciamento da Dívida".[8]

Caso esse valor de *R$ 783 bilhões* tivesse sido de fato empregado para o pagamento de "Amortização", o estoque da dívida teria caído fortemente, certo? Caso tivesse sido empregado somente em "Refinanciamento" (também chamado de "rolagem", ou seja, a troca de dívida que está vencendo por outra nova), o estoque da dívida teria se mantido constante, certo?

No entanto, o que ocorreu com o estoque da dívida interna em 2017?

Conforme publicado pelo Banco Central, em 2017 o estoque de títulos da dívida interna aumentou *R$ 584 bilhões*, saltando de R$ 4,510 trilhões em janeiro para R$ 5,094 trilhões em dezembro.[9]

Constata-se, portanto, que na verdade a dívida cresceu fortemente em 2017, não tendo sido amortizada e nem "simplesmente" rolada. Isso ocorre por causa de uma manobra que classifica grande parte dos juros nominais como amortização.

Esse procedimento é inconstitucional e burla o disposto no art. 167, inciso III, da Constituição, conhecido como "regra de ouro", que proíbe a emissão de títulos para o pagamento de despesas correntes, tais como juros, salários e gastos para a manutenção do Estado, conforme denunciado pela CPI da Dívida Pública desde 2010.[10]

---

[8] Para acessar o quadro, seguir os passos descritos em: https://auditoriacidada.org.br/wp-content/themes/auditoriacidada/assets/files/orcamento-2017.docx.

[9] Quadro 36. Disponível em http://www.bcb.gov.br/ftp/notaecon/ni201801pfp.zip.

[10] Ver Relatório Específico da Auditoria Cidadã da Dívida no 1/2013, sobre a contabilização de juros como se fosse amortização, disponível em https://auditoriacidada.org.br/conteudo/relatorio-especifico-de-auditoria-cidada-da-divida-no-1-2013/.

A consequência dessa manobra tem sido o crescimento exponencial do estoque da dívida interna, devido à sua atualização paralela ilegal, tal como retratado no diagrama a seguir:

CONTABILIZAÇÃO DE JUROS COMO SE FOSSE AMORTIZAÇÃO

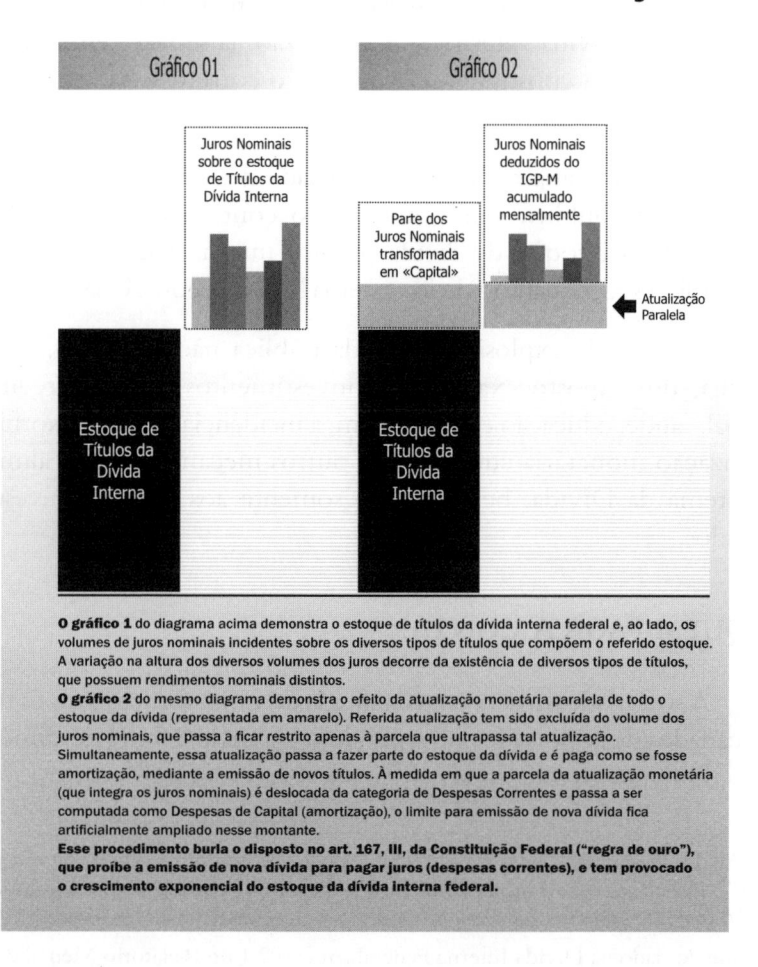

Gráfico 01

Juros Nominais sobre o estoque de Títulos da Dívida Interna

Estoque de Títulos da Dívida Interna

Gráfico 02

Juros Nominais deduzidos do IGP-M acumulado mensalmente

Parte dos Juros Nominais transformada em «Capital»

← Atualização Paralela

Estoque de Títulos da Dívida Interna

O gráfico 1 do diagrama acima demonstra o estoque de títulos da dívida interna federal e, ao lado, os volumes de juros nominais incidentes sobre os diversos tipos de títulos que compõem o referido estoque. A variação na altura dos diversos volumes dos juros decorre da existência de diversos tipos de títulos, que possuem rendimentos nominais distintos.

O gráfico 2 do mesmo diagrama demonstra o efeito da atualização monetária paralela de todo o estoque da dívida (representada em amarelo). Referida atualização tem sido excluída do volume dos juros nominais, que passa a ficar restrito apenas à parcela que ultrapassa tal atualização. Simultaneamente, essa atualização passa a fazer parte do estoque da dívida e é paga como se fosse amortização, mediante a emissão de novos títulos. À medida em que a parcela da atualização monetária (que integra os juros nominais) é deslocada da categoria de Despesas Correntes e passa a ser computada como Despesas de Capital (amortização), o limite para emissão de nova dívida fica artificialmente ampliado nesse montante.

Esse procedimento burla o disposto no art. 167, III, da Constituição Federal ("regra de ouro"), que proíbe a emissão de nova dívida para pagar juros (despesas correntes), e tem provocado o crescimento exponencial do estoque da dívida interna federal.

Considerando que o valor indicado na rubrica "Juros e Encargos da Dívida Pública" do SIAFI corresponde apenas a uma parte dos juros nominais, sendo que a outra parte dos juros está embutida na rubrica "amortização" ou "refinanciamento", e tendo em vista que não existe a devida transparência em relação a esse cálculo paralelo, não há alternativa senão somarmos as rubricas "Juros" e "Amortizações e Refinanciamento", a fim de indicar o montante destinado a gastos com a dívida pública.

A inflação baixa dos últimos anos dificulta a manobra de atualização monetária paralela para o pagamento da maior parte dos elevadíssimos juros da Dívida Interna. Por essa razão, já se fala[11] em descumprimento da norma constitucional, quando o correto seria rever essa prática inconstitucional!

Apesar da sangria de quase a metade dos orçamento federal todo ano, a dívida pública vem aumentando continuamente. No final de abril/2018, o estoque da dívida pública interna federal alcançou R$ 5,265 trilhões[12], enquanto a dívida externa bruta chegou a US$ 548 bilhões.[13]

A causa da explosão da dívida pública não tem sido, de forma alguma, um suposto exagero dos investimentos sociais (previdência, pessoal, saúde, educação etc.), mas sim, a incidência de juros exorbitantes, atualização monetária cumulativa e outros mecanismos que alimentam o Sistema da Dívida, beneficiando somente aos sigilosos investidores privados.

3. QUEM PAGA A CONTA?

A sociedade paga a conta da dívida de várias formas, pois os tributos arrecadados da população correspondem à principal fonte de alimentação

---

[11] MARTINS, Arícia. "Meirelles admite que pode não cumprir 'regra de ouro' a partir de 2018". *Valor Econômico Online,* 21.08.2017. Disponível em http://www.valor.com.br/brasil/5088518/meirelles-admite-que-pode-nao-cumprir-regra-de-ouro-partir-de-2018

[12] Fonte do dado da Dívida Interna Federal: Anexo 2.1 do Relatório Mensal da Dívida do Tesouro Nacional, somado à "Dívida Mobiliária na Carteira do Bacen", disponível na Tabela 4 da Nota para a Imprensa de Estatísticas Fiscais do Banco Central.

[13] Fonte do dado sobre a Dívida Externa Bruta: Tabela 19 das Estatísticas do Setor Externo do Banco Central

do orçamento federal, que também recebe a receita das privatizações de patrimônio que pertencia ao público, além de recursos decorrentes da emissão de mais títulos da dívida pública, cujo pagamento também recai sobre a sociedade.

O modelo tributário também funciona às avessas no Brasil, pois tributa pesadamente o consumo, de tal maneira que até um mendigo que compra um pacote de macarrão paga o tributo embutido no preço. Por outro lado, o modelo é regado de benesses tributárias para os mais ricos, concedendo isenções para a distribuição de lucros; remessas de lucros ao exterior e para rentistas estrangeiros que investem em títulos da dívida interna; dedução de juros sobre o capital próprio, entre outras aberrações.

Conforme dados oficiais, os rendimentos isentos se concentram na faixa de contribuintes que ganham mais, enquanto os assalariados de renda mais baixa e a população pobre são os mais penalizados, em flagrante violação ao princípio da capacidade contributiva, que está em nossa Constituição!

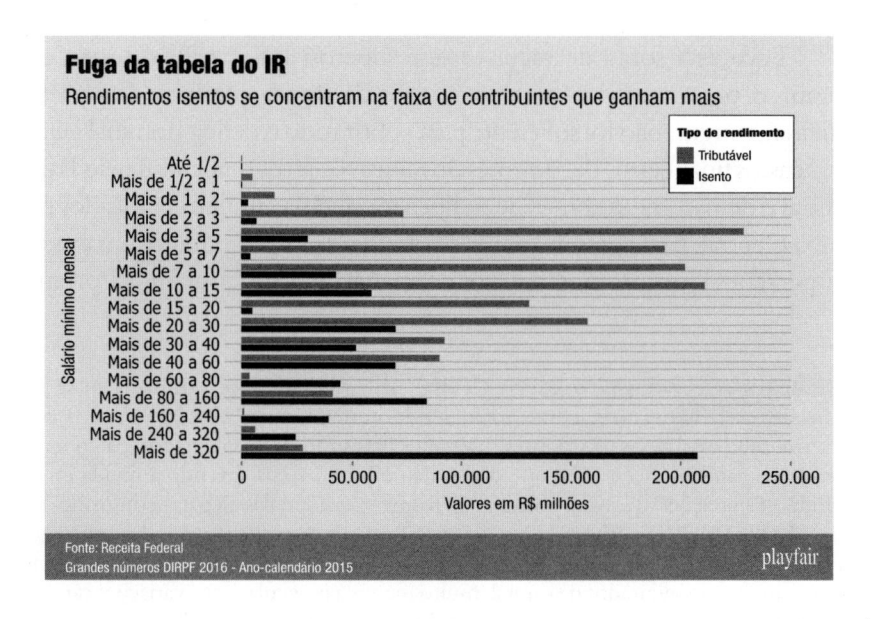

Fuga da tabela do IR
Rendimentos isentos se concentram na faixa de contribuintes que ganham mais

Tipo de rendimento: Tributável / Isento

Salário mínimo mensal:
- Até 1/2
- Mais de 1/2 a 1
- Mais de 1 a 2
- Mais de 2 a 3
- Mais de 3 a 5
- Mais de 5 a 7
- Mais de 7 a 10
- Mais de 10 a 15
- Mais de 15 a 20
- Mais de 20 a 30
- Mais de 30 a 40
- Mais de 40 a 60
- Mais de 60 a 80
- Mais de 80 a 160
- Mais de 160 a 240
- Mais de 240 a 320
- Mais de 320

Valores em R$ milhões

Fonte: Receita Federal
Grandes números DIRPF 2016 - Ano-calendário 2015

playfair

O falso discurso de que os gastos sociais seriam os responsáveis pelo deficit das contas públicas não resiste a cinco minutos de argumentação fundamentada em dados oficiais. Na verdade, a gastança financeira com a chamada dívida pública é que tem sido a responsável pelo deficit nominal.

Ao longo de duas décadas – de 1995 a 2014 – produzimos mais de R$ 1 trilhão de Superávit Primário, ou seja, o volume de "receitas primárias" (principalmente os tributos) superou em mais de R$ 1 trilhão a soma de todas as "despesas primárias" (que compreende os gastos sociais e investimentos em todas as rubricas orçamentárias, exceto os gastos financeiros com a dívida pública). Portanto, gastamos menos com as áreas sociais do que arrecadamos em tributos! Dessa forma, durante esses 20 anos, o deficit das contas públicas não decorreu dos gastos primários.

Apesar dessa economia forçada de mais de R$ 1 trilhão, que absorveu recursos que deveriam ter financiado o desenvolvimento socioeconômico, ainda assim, ao longo desses 20 anos, o estoque de títulos da dívida interna saltou de R$ 85 bilhões para R$ 4 trilhões em 2015. E continua crescendo exponencialmente, tendo superado R$ 5 Trilhões em Dezembro/2017.

Toda essa sobra de recursos que superou R$ 1 trilhão serviu para garantir o pagamento de parte dos juros da dívida pública (despesa não primária), porém, não foi suficiente para cobrir todo o deficit nominal gerado pelos gastos financeiros decorrentes dos abusivos juros praticados pelo Banco Central e demais mecanismos de política monetária também praticados pelo Banco Central, geradores de grandes volumes de dívida pública, em especial as Operações Compromissadas e os contratos de *swap* cambial.[14] Portanto,

---

[14] Contratos celebrados pelo Banco Central, sem transparência alguma: não se sabe quem são os beneficiários, como estão sendo contabilizadas as perdas e os valores efetivamente envolvidos na garantia, a secretos investidores privilegiados, da cobertura da variação cambial. Só se sabe que o prejuízo é brutal e está fazendo a dívida interna explodir. Operações de swap cambial já forma consideradas ilegais, conforme TC-012.015/2003-0: "Não há, na Lei n. 4.595/64 ou em outra legislação, dispositivo que autorize o Banco Central a atuar no ramo de seguros ou que o autorize a assumir posições de agente segurador de capital, muito menos a especular com variações cambiais, assumindo posições que podem dar muito lucro ou muito prejuízo".

o deficit nominal histórico[15] tem sido provocado pelas despesas financeiras e não pelo gasto social.

Com a aprovação da Emenda Constitucional n. 95 – que estabeleceu teto somente para as despesas primárias, para que sobrem ainda mais recursos para os gastos financeiros com a chamada dívida pública – o ajuste fiscal ganhou *status* constitucional e vigorará por 20 anos, a não ser que a sociedade se mobilize para derrubar essa verdadeira excrecência!

Ao contrário do falso e recorrente discurso de que a única saída para o controle das contas públicas seria a austeridade sobre os gastos sociais, reduzindo-se o tamanho do Estado social e realizando contrarreformas – em especial a da Previdência – que suprimem direitos sociais, na realidade, o gasto delinquente que precisa ser controlado é o gasto financeiro com a chamada dívida pública, que tem crescido de forma exponencial, sem a devida transparência, colocando o Estado brasileiro a serviço do privilégio de grandes bancos rentistas de maneira cada vez mais escandalosa, chegando a desviar diretamente o fluxo de arrecadação tributária, como no esquema da "Securitização de Créditos", comentado em tópicos seguintes deste artigo.

4. RESPONSABILIDADE DO BANCO CENTRAL: POLÍTICA MONETÁRIA CARA E LESIVA PARA A ECONOMIA DO PAÍS

O que trouxe as contas públicas para essa situação caótica em que nos encontramos em 2018 foi a acumulação de deficits nominais, desde o Plano Real, decorrentes do excesso de despesas financeiras para manter a política monetária suicida praticada pelo Banco Central, que engloba a prática de juros abusivos, a realização de Operações Compromissadas destinadas a remunerar a sobra de caixa dos bancos e os questionáveis contratos de *swap* cambial.

---

[15] Em raros momentos, chegamos a produzir Superávit Nominal, conforme notícia disponível em: *Brasil registra o primeiro superávit nominal em quadrimestre na história*. Disponível em http://clicrbs.com.br/especial/sc/rbs30anos/19,0,1903447.

Essa política monetária implementada pelo Banco Central funciona de forma mascarada: prega uma coisa, mas faz outra, especialmente no que diz respeito à meta de inflação.

Sob o argumento de "controlar a inflação", o Banco Central aplica uma política monetária fundada em dois pilares: (1) adoção de juros elevados; e (2) redução da base monetária, que corresponde ao volume de moeda em circulação. Na prática, tais instrumentos se mostram um completo fracasso para a economia brasileira, ao mesmo tempo em que transferem grandes volumes de recursos para o setor financeiro, o maior beneficiário dessa política monetária suicida.

Além de não controlar a inflação, os escandalosos juros afetam negativamente as finanças nacionais, pois provocam o crescimento exponencial da própria dívida pública, como já comentado anteriormente, e amarram a economia como bem desenvolvido pelo Prof. Ladislau Dowbor em seu artigo.

Por sua vez, a redução da base monetária por meio das "Operações Compromissadas" funciona da seguinte forma: os bancos entregam sua sobra de caixa ao Banco Central e este entrega títulos da dívida pública aos bancos. Na medida em que os bancos detêm os títulos, eles passam a ter o direito de receber remuneração por isso. Essa montanha de recursos equivalente a quase 20% do PIB fica esterilizada no Banco Central, gera "dívida pública" e despesa diária com a sua remuneração aos bancos!

Esse tipo de operação vem superando a marca de R$ 1 trilhão desde 2016 e institui cenário de profunda escassez de recursos financeiros, o que acirra a elevação das taxas de juros de mercado para patamares indecentes, impedindo o financiamento de atividades produtivas geradoras de emprego e renda, prejudicando a indústria, o comércio e a prestação de serviços, aprofundando ainda mais essa crise financeira fabricada.

Essa remuneração da sobra de caixa dos bancos nos últimos 4 anos (2014 a 2017) custou R$ 449 bilhões aos cofres públicos, conforme balanços publicados pelo Banco Central.

Em 2017 a inflação caiu para perto de zero e o IGP-M calculado pela FGV foi negativo, ou seja, não se justificaria esterilizar, de forma tão onerosa, essa montanha de recursos "para controlar a inflação". No entanto, o volume dessas operações aumentou em 2017, atingindo o patamar mais elevado da série em outubro: R$ 1,23 trilhão[16], o que desmascara completamente o argumento de utilização das Compromissadas para controle inflacionário.

Diante dessa flagrante ilegalidade, o presidente do Banco Central enviou ao Congresso Nacional o projeto de lei (PL n. 9.248/2017 na Câmara dos Deputados) que visa legalizar essa remuneração da sobra de caixa dos bancos por meio da criação de "Depósito Voluntário Remunerado", de tal forma que os bancos irão depositar sua sobra no Banco Central e este continuará remunerando diariamente.

É importante dar ampla visibilidade para esse projeto de lei, justamente no momento em que enfrentamos crise financeira brutal, contrarreformas que retiram direitos sociais e completa ausência de recursos que compromete o funcionamento de universidades, institutos federais, hospitais e o atendimento a investimentos públicos e demais necessidades fundamentais do povo brasileiro. Nessas circunstâncias, qual é a justificativa para a utilização de recursos públicos para remunerar diariamente a sobra de caixa dos bancos? Temos dinheiro sobrando para isso?

Além de estar prevista no PL n. 9.248/2017, a criação de "Depósito Voluntário Remunerado" está também sendo embutida no projeto de "Autonomia do Banco Central", que o Presidente da Câmara dos Deputados Rodrigo Maia (alvo de pelo menos 3 investigações de corrupção[17]) anunciou que será levado diretamente ao Plenário, sem passar pelas comissões temáticas da Câmara.

A política cambial do Banco Central também tem sido extremamente danosa aos cofres públicos, pois alimenta o mercado com ração muito cara: sigilosas e ilegais operações de *swap* cambial[18], apesar dessas

---

[16] BITTENCOURT, Angela. "Concentração de aplicações no BC alcança inédito R$ 1,23 trilhão". *Valor Econômico Online,* 05.10.2017. Disponível em http://www.valor.com.br/financas/5145488/concentracao-de-aplicacoes-no-bc-alcanca-inedito-r-123-trilhao.

[17] TUROLLO Jr., Reynaldo. "Eventual sucessor de Temer, Rodrigo Maia é alvo de três investigações". Folha de São Paulo, 29.05.2017. Disponível em http://www1.folha.uol.com.br/poder/2017/05/1888241-eventual-sucessor-de-temer-rodrigo-maia-e-alvo-de-tres-investigacoes.shtml.

[18] Tema tratado em audiência pública no Senado Federal em 29.11.2016, conforme telas de

operações serem consideradas ilegais – segundo representação feita pela 2ª Câmara de Controle Externo do TCU[19], conforme TC-012.015/2003-0 – que têm gerado bilhões de reais de prejuízos, pagos à custa da emissão de mais títulos da dívida pública!

Justamente quando escrevo o presente artigo, o Banco Central voltar a oferecer dezenas de milhões em contratos de *swap* cambial, anunciando previamente que tais contratos poderão atingir recordes nunca vistos, ou seja, praticamente estimulando o apetite do Deus mercado por essas escandalosas operações, extremamente lucrativas para o setor financeiro, ao mesmo tempo em que geram imensos prejuízos ao Banco Central e aumentam a dívida pública.

Esses mecanismos utilizados pelo Banco Central não servem para combater o tipo de inflação que historicamente existe no Brasil.

A inflação brasileira decorre principalmente da excessiva elevação dos preços administrados (energia, telefonia, combustível, transporte, tarifas bancárias etc.) e dos preços de alimentos, devido a uma política agrícola totalmente equivocada. Tais fatores não são afetados pelos mecanismos empregados pelo Banco Central, que na realidade funcionam como uma máscara para transferir volumes brutais de recursos ao setor financeiro.

A crise atual é uma crise totalmente desnecessária, fabricada principalmente por essa política monetária suicida. Enquanto os bancos continuam lucrando como nunca!

5. NOVO MECANISMO PERVERSO "GERA" DÍVIDA PÚBLICA E SEQUESTRA ARRECADAÇÃO TRIBUTÁRIA

Em meio à crise que assola a população e a economia real, a pauta prioritária no Congresso Nacional é a do mercado. Entre os projetos destacados, está o PLP n. 459/2017 na Câmara (tramitou no Senado

---

PowerPoint disponíveis em https://auditoriacidada.org.br/conteudo/palestras-da-auditoriacidada-2016/. Vídeo disponível em https://www.youtube.com/watch?v=_TMogIGWxKI.

[19] Representação disponível em https://auditoriacidada.org.br/conteudo/rrepresentacao-tcu-contra-swap/

como PLS n. 204/2016), que visa legalizar o esquema de "Securitização de Créditos" que, na prática, representa a geração ilegal de dívida pública e o desvio de arrecadação tributária durante o seu percurso pela rede bancária arrecadadora, por meio de cessão fiduciária de créditos.

Falsa propaganda vem sendo feita por governadores e prefeitos pela aprovação desse projeto, sob a alegação de que tal projeto iria "acelerar a cobrança de créditos podres e traria benefícios para os entes federados", mas isso é uma grande farsa!

Na verdade, tal esquema *desvia arrecadação tributária*, entregando o dinheiro que cai no banco, pago pelos contribuintes, e não os créditos podres da falsa propaganda.

Ademais, o esquema viabiliza a realização de *operação de crédito ilegal* e não devidamente autorizada. Esse ingresso de dinheiro inicial tem sido a isca para o interesse de gestores que não se importam com o custo altíssimo e inconstitucional que afetará negativamente as finanças públicas atuais e futuras.

Em troca do empréstimo ilegal (que não é contabilizado como dívida pública, mas sim como "venda de ativo"), o ente federado entrega a propriedade do *fluxo da arrecadação de créditos, que é desviado*, como indicado no diagrama a seguir.

DESVIO DE RECURSOS ARRECADADOS

INVESTIDOR PRIVILEGIADO ← ENTE FEDERADO (União, Estado ou Município)

↑

CONTA VINCULADA
Desvio do Fluxo de Arrecadação

↑

REDE BANCÁRIA

↑

CRÉDITOS PAGOS POR CONTRIBUÍNTES

Os entes federados perdem o controle sobre a arrecadação de créditos tributários (parcelados ou não, inscritos ou não em Dívida Ativa), líquidos e certos, devido à cessão do fluxo de arrecadação desses créditos mediante contratos de alienação fiduciária ou outras ordens à rede arrecadadora. Esse desvio ocorre durante o percurso desses créditos pela rede bancária, para uma conta vinculada à empresa criada para operar o esquema, porém não é essa empresa que gerencia a referida conta, mas sim os investidores privilegiados que adquirem os papéis emitidos por essa empresa.

Sem esse esquema, a totalidade dos recursos arrecadados chegariam integralmente aos cofres públicos. Com o esquema, somente uma parte dos recursos arrecadados alcança os cofres públicos, pois a outra parte é desviada para investidores privilegiados e sequer irá compor o orçamento público. Com isso, toda a legislação de finanças do país, que é estruturada no princípio do orçamento único, está sendo burlada por esse esquema, razão pela qual a aprovação desse projeto será um escândalo.

Graves questionamentos por parte de órgãos de controle federais, como o Tribunal de Contas da União e o Ministério Público de Contas, e estaduais, como o Tribunal de Contas dos Estados de Rio de Janeiro, Minas Gerais, Pernambuco, Paraná e Rio Grande do Sul têm sido levantados[20], mas tudo isso tem sido ignorado pelos parlamentares que, em dezembro último, aprovaram o PLS n. 204/2016 no Senado.

O esquema utiliza 'empresa estatal não dependente' para operar a *engenharia financeira*, a exemplo das que já estão operando em Belo Horizonte – PBH Ativos S/A – e em São Paulo – CPSEC S/A – entre outras.

Essa empresa estatal emite papéis financeiros, debêntures sênior, que oferecem juros elevadíssimos e garantia total por parte do Estado, e são vendidas a investidores privilegiados sob a modalidade de "esforços restritos de colocação", sem qualquer propaganda, de tal forma que

---

[20] AUDITORIA CIDADÃ. *Alerta aos deputados e deputadas federais: pela rejeição ao PLP n. 459/2017 que trata da securitização de créditos (PLS n. 204/2016 no senado).* Disponível em https://goo.gl/mKoWga.

somente poucos privilegiados do mercado financeiro tomam conhecimento. Um banco compra essas debêntures, paga à empresa criada para operar o esquema, ela fica com uma parte e repassa a maior parte ao ente federado, servindo assim de fachada para a contratação de operação de crédito ilegal, como mostra o diagrama a seguir

CONTRATAÇÃO DISFARÇADA DE DÍVIDA PÚBLICA

- Empresa repassa a maior parte do valor recebido para o ente federado: OPERAÇÃO de CRÉDITO
- ENTE FEDERADO — União, Estado ou Município
- Ente federado paga OPERAÇÃO de CRÉDITO por fora, com recursos desviados na rede bancária
- ESTATAL NÃO DEPENDENTE — Pessoa jurídica de direito privado
- Empresa vende Debêntures Sênior (esforços restritos, sem registro na CVM)
- Banco compra Debêntures Sênior e paga para a Empresa
- INVESTIDOR PRIVILEGIADO

No caso de Belo Horizonte, o banco BTG Pactual S/A, que foi o coordenador líder da operação de lançamento das debêntures, comprou a totalidade desses papéis por R$ 230 milhões. A empresa PBH Ativos S/A ficou com R$ 30 milhões e repassou R$ 200 milhões para o Município de Belo Horizonte. A empresa foi mera fachada para o Município obter esses R$ 200 milhões no mercado. Como esse empréstimo não é contabilizado como dívida, o seu pagamento se dá por fora, com aqueles recursos desviados ainda na rede bancária, e de forma extremamente onerosa: em troca dos R$200 milhões recebidos, o Município se comprometeu com garantias no valor de R$880 milhões, acrescidas de IPCA + 1% ao mês; um verdadeiro escândalo!

Caso não tivesse sido implementado esse esquema em Belo Horizonte, *o Município teria R$ 70 milhões a mais em caixa. Então, numa operação de R$ 200 milhões, em apenas 3 anos, o Município já teve perda comprovada de R$ 70 milhões,* conforme dados oficiais analisados pela CPI da

Câmara Municipal de Belo Horizonte, que permitiu acesso a escrituras, documentos contábeis e contratos da PBH Ativos S/A, cuja análise revelou que referida empresa é mero veículo de passagem para confundir e dificultar a visualização das operações ilegais e fraudulentas que envolvem o desvio e sequestro de recursos públicos, além da perda de controle sobre a arrecadação tributária e danos financeiros efetivos. A Auditoria Cidadã da Dívida colaborou com as investigações da CPI e apresentou relatório e respectivo adendo[21], devidamente fundamentado em provas e documentos oficiais.

O esquema da securitização envolve, adicionalmente, garantias públicas descomunais! Além da entrega do controle sobre a arrecadação dos créditos parcelados, caso algum desses créditos deixe de ser arrecadado, o Município se compromete com garantias e indenizações, ou seja, terá que repor com outros créditos ou indenizar com recursos.

Devido à sua inconstitucionalidade flagrante, ofensa a toda a legislação que rege as finanças em nosso país e gravíssimos riscos para todos os entes federados, é importante o envolvimento de toda a sociedade para denunciar e impedir o avanço desse esquema financeiro em nosso país.

6. REALIDADE DE ABUNDÂNCIA E CENÁRIO DE ESCASSEZ

O Brasil é atualmente a 9ª maior economia mundial e nossa realidade é de extrema abundância, com a terceira maior reserva de petróleo; as maiores jazidas minerais do mundo (são mais de 55 minerais estratégicos, destacando-se o Nióbio) e terras raras; a maior reserva de água potável; a maior área agricultável e clima favorável, permitindo a produção de alimentos durante os 12 meses do ano; riquezas biológicas; potencial energético, industrial e comercial, além de imensa riqueza humana e cultural.

---

[21] Relatório apresentado pela Auditoria Cidadã da Dívida à CPI da PBH Ativos S/A, e respectivo Adendo 1 disponível em https://goo.gl/7TsT13.

SISTEMA DA DÍVIDA PÚBLICA: ENTENDA COMO VOCÊ É ROUBADO

Possuímos também riquezas financeiras: reservas internacionais de US$ 375 bilhões; montante de R$1 trilhão esterilizado no Banco Central (operações compromissadas), colchão de liquidez de centenas de bilhões de reais acumulados na Conta Única do Tesouro, potencial de arrecadação tributária e cobrança de dívida ecológica.

Nossa realidade de abundância nada tem a ver com o escandaloso cenário de escassez a que temos sido submetidos, com desemprego recorde, nível salarial baixo, falta de recursos para o atendimento às necessidades sociais básicas, privatizações e desarranjo econômico que tem levado ao encolhimento do PIB do gigante Brasil e vergonhosa concentração de renda nas mãos de grupinho cada vez mais reduzido: em 2018, apenas 5 indivíduos detêm a mesma riqueza que a metade da população brasileira[22], enquanto estatísticas oficiais comprovam o aumento da pobreza e da miséria[23].

Ocupamos a vergonhosa 79ª posição no ranking de respeito aos Direitos Humanos, segundo o Índice de Desenvolvimento Humano – IDH – medido pela ONU[24] e o penúltimo lugar no ranking da Educação entre 40 países analisados.[25] Nosso desenvolvimento socioeconômico está completamente travado.

Esse cenário de escassez não é obra do acaso, mas é construído e sustentado pelo modelo econômico adotado no país, produtor de cenário de escassez, que já abusou que chega de nossa gente brasileira.

---

[22] GOMES, Helton Simões. "5 bilionários brasileiros concentram mesma riqueza que metade mais pobre no país, diz estudo". *G1,* 22.01.2018. Disponível em https://g1.globo.com/economia/noticia/5-bilionarios-brasileiros-concentram-mesma-riqueza-que-metade-mais-pobre-no-pais-diz-estudo.ghtml.

[23] VILLAS BÔAS, Bruno. "Pobreza extrema aumenta 11% e atinge 14,8 milhões de pessoas. *Valor Econômico Online,* 12.04.2018. Disponível em http://www.valor.com.br/brasil/5446455/pobreza-extrema-aumenta-11-e-atinge-148-milhoes-de-pessoas.

[24] PIRES, Breiller. Brasil despenca 19 posições em ranking de desigualdade social da ONU. *El País, 21.03.2017. Disponível em* https://brasil.elpais.com/brasil/2017/03/21/politica/1490112229_963711.html.

[25] Índice Global de Habilidades Cognitivas e Realizações Educacionais.

CONCLUSÃO

É incontestável o tremendo privilégio do Sistema da Dívida, que tem transformado o Estado brasileiro em um instrumento a serviço do poder financeiro transnacional.

Também é incontestável que, há décadas, as universidades não incluem em seus currículos o estudo aprofundado do endividamento público; a grande mídia não aborda o tema corretamente, provavelmente devido à presença de representantes do setor financeiro em seus conselhos editoriais e também por causa das caras propagandas patrocinadas por bancos; os órgãos encarregados de administrar a dívida pública – principalmente Ministério da Fazenda e Banco Central – têm sido dirigidos por pessoas ligadas ao mercado financeiro diretamente ou seguidoras de seus interesses; os órgãos de controle têm falhado na investigação e realização da necessária auditoria integral da dívida pública.

Diante disso, é urgente a participação de profissionais e estudantes de todas as áreas no aprofundamento dos estudos que têm sido feitos pela Auditoria Cidadã da Dívida, a fim de construir uma grande mobilização social consciente, capaz de influenciar a libertação do jugo histórico imposto pelo poder financeiro ao Brasil.

A auditoria se fundamenta em dados e documentos oficiais e deveria ser rotina. A auditoria irá garantir a transparência dos registros e negociações que envolvem o Sistema da Dívida e, aliás, a transparência é um preceito constitucional que deve reger todo ato público. É uma questão de respeito com quem está pagando a elevada conta da chamada dívida pública.

> Adicionalmente, teremos que revogar a EC n. 95, e retirar algumas máscaras mestras, como a falácia do deficit da Previdência[26] e do setor público.[27]

---

[26] AUDITORIA CIDADÃ. *A Máscara do deficit da Previdência*. Disponível em http://www.auditoriacidada.org.br/blog/2017/01/30/mascara-do-deficit-da-previdencia/.

[27] Sobraram R$480 bilhões no caixa do governo em 2015. Disponível em http://www.auditoriacidada.org.br/blog/2016/07/25/sobraram-r-480-bilhoes-no-caixa-do-governo-em-2015/.

SISTEMA DA DÍVIDA PÚBLICA: ENTENDA COMO VOCÊ É ROUBADO

A fim de desmontar o inaceitável cenário de escassez existente no Brasil, precisamos modificar o modelo tributário para que se transforme em instrumento efetivo de justiça fiscal e distribuição de renda; alterar a política monetária para que atue em favor dos interesses do país e do povo, e não apenas do setor financeiro; e enfrentar o Sistema da Dívida por meio de completa auditoria, interrompendo esse processo de sangria de recursos e submissão aos interesses do mercado financeiro.

Portanto, é possível e urgente mudar os rumos e resgatar o Brasil, rasgando o cenário de escassez e criando as condições para que a realidade de abundância esteja acessível à todas as pessoas.

IMPOSTO É COISA DE POBRE

ANDRÉ HORTA

Um homem de vinte e cinco anos, com um metro e setenta de altura e pesando setenta quilos encontra-se com, aproximadamente, treze trilhões de bactérias em seu corpo.

Para quem não é especialista, essa informação trilionária pode indicar a ideia oposta do que, tecnicamente, diagnostica.

O estado de saúde desse homem é preocupante, mas porque seu organismo contém apenas cerca de *um terço* do número de bactérias que um indivíduo saudável, com suas características, deveria ter – que é o de trinta e oito bilhões, segundo estimativa.[1]

A medida de *trilhão* é um número de pouca utilidade na comunicação cotidiana. No trato comum, ela é quase uma alegoria para "muita coisa", "imensa quantidade". O uso dessa grandeza fora de um ambiente técnico e contextualizado pode ser ardiloso.

Em junho de 2018, placares eletrônicos de "impostômetros" espalhados pelo país ostentavam que o brasileiro já havia pagado *um trilhão* de tributos no ano.

---

[1] SENDER R.; FUCHS, S.; MILO, R. "Revised Estimates for the Number of Human and Bacteria Cells in the Body". 19.08.2016. PLoS Biol 14(8): e1002533. Disponível em https://doi.org/10.1371/journal.pbio.1002533.

Precisamos de outras referências para entender essa cifra abstrata. Por exemplo: que o valor dos tributos *per capita* recolhido pelo brasileiro equivale a um terço do valor pago nos países do G7, segundo dados da Organização para a Cooperação e Desenvolvimento Econômico – OCDE.[2] Isso era a nossa proporção no ano de 2012. A economia do Brasil passou pelo maior período recessivo de sua história no biênio 2015-2016, o que fez com que suas receitas tributárias despencassem.

O Brasil paga, portanto, uma espécie de *taxa condominial per capita* para a realização de serviços públicos bem inferior aos países mais ricos. É um despropósito tentar se comparar *diretamente* bens e serviços oferecidos por aquelas nações com os nossos porque, simplesmente, nossa possibilidade de financiamento é mais de dois terços menor que a deles. Não é uma questão de administração, controle ou integridade: são capacidades de pagamento muito diversas. Para termos os mesmos serviços, para podermos nos comparar àqueles países, precisaríamos ter uma carga tributária de quase 100%, o que é impossível. Um dado trilionário isolado, por si, é escasso para a compreensão da realidade.

A percepção dos tributos brasileiros nos parece oblíqua por outras assimilações sinuosas de proporcionalidade, como a do tamanho da nossa *carga tributária bruta*. Os países que compõem a OCDE possuem carga tributária média de 34,3% em 2016, contra 32,38% do Brasil.[3] Ou seja, proporções muito próximas, possuímos quase a mesma razão entre a receita de tributos e o PIB (que é o que esse percentual de carga representa). Assim apresentadas, as proporções do PIB podem sugerir um suposto nível equivalente de custeio para nossos serviços, o que não é verdadeiro.

Vamos entender a razão disso, mas incluindo outro elemento informacional curioso, que contribui para a emergência de uma miragem

---

[2] CRESPO. Silvia Guedes. "Arrecadação de impostos per capita no Brasil é um terço da de países ricos", 21.08.2012. *Estado de São Paulo*. Disponível em https://economia.estadao.com.br/noticias/geral,arrecadacao-de-impostos-per-capita-no-brasil-e-um-terco-da-de-paises-ricos,123836e.

[3] SECRETARIA DA RECEITA FEDERAL. *Carga Tributária 2016*. Disponível em: http://idg.receita.fazenda.gov.br/noticias/ascom/2017/dezembro/carga-tributaria-bruta-atingiu-32-38-do-pib-em-2016.

aritmética: uma comparação do poder de compra inventada pela revista semanal inglesa *The Economist*, para tornar a teoria das taxas de câmbio mais digeríveis, segundo ela mesma explica. Trata-se do índice *Big Mac*, o valor comparado em dólar americano de um mesmo sanduíche vendido em todo o mundo. O Brasil, nesta comparação, paga o quinto *Big Mac* mais caro do mundo (US$ 5,11, janeiro de 2018).[4]

Ora, sendo este nosso país em abril de 2018, segundo o FMI, a nona economia do mundo – uma das maiores; dispondo o Brasil de tributos quase na mesma proporção do PIB que países da OCDE e, ainda, existindo um nível de gasto equivalente num item corriqueiro como um *Big Mac*, pareceria forçosa a conclusão de que, quando se fala em serviços públicos, teríamos aí uma grande disparidade na efetivação da sau prestação. Para logo se seguir o discurso que isso *só pode ser por incapacidade, corrupção* ou outra mazela.

Trata-se de espessa atmosfera ideológica que, novamente, ignora a proporcionalidade entre os recursos e as dimensões populacionais, e uma peculiaridade do mercado de consumo atribuído a um segmento destas últimas.

Imagine-se dois assalariados, residindo em imóveis vizinhos e percebendo, ambos, *a mesma renda*. O primeiro dos assalariados é solteiro e reside sozinho. O segundo é casado, detentor da única fonte de renda da casa onde reside com o cônjuge e seis filhos. São vidas muito diversas a do primeiro indivíduo comparada à dos oito vizinhos. Considere que ambos os assalariados gastam 30% de sua idêntica renda (ou de seu *"PIB"*), com alimentação: ora, é claro que gastar o mesmo valor com uma pessoa apenas é totalmente diferente da despesa para alimentar oito. Implica a fruição de serviços de alimentação completamente diferentes. Não pode haver comparação, as proporções de renda não se prestam a fixações em termos de eficiência do gasto quando não existe paridade no cenário distributivo das despesas, quando há grande diferença no número de beneficiários para um mesmo recurso.

---

[4] *The Big Mac Index*. Disponível em https://www.economist.com/content/big-mac-index.

Ainda que possuindo a mesma renda (mesmo *"PIB"*), a fragmentação da renda *per capita* ou, mais precisamente, da carga tributária *per capita*, determina vidas e autoprovimento de serviços muito diversos.

E essas dissimetrias não cessam aí. Bem entendido que o simples rateio de recursos públicos que potencialmente podem ser investidos por cidadão revela um cenário muito particular do Brasil, façamos um breve escrutínio da repartição de riquezas dos brasileiros.

O Brasil, embora seja o 9º PIB, como dissemos, é apenas o 84º lugar do mundo em PIB *per capita*, em abril de 2018.[5] E, ainda por cima, essa posição mais modesta na atribuição de riquezas disponíveis pela população é ainda profundamente agravada pela sua má distribuição: poucos detêm muito dessa riqueza e muitos vivem com muito pouco dos recursos. A existência de desigualdades é uma realidade de todos os países, a sua gravidade no Brasil advém de sua enorme desproporção. Ostentamos uma das desigualdades mais elevadas do mundo. O índice *Gini*[6] do país, que se esteia principalmente na renda (uma das principais fontes de acumulação de riquezas), é de 0,513 (2015).[7] É o 10º país mais desigual do planeta.[8] Meia dúzia de brasileiros praticamente possuem a mesma riqueza que a metade mais pobre da população (100 milhões de habitantes).[9]

O nosso sistema de tributação desempenha um papel perverso pró-manutenção dessa paisagem de esmagamento do largo segmento

---

[5] *International Monetary Fund. IMF DataMapper. GDP PER CAPITA, current prices.* http://www.imf.org/external/datamapper/PPPPC@WEO/OEMDC/ADVEC/WEO WORLD/BRA/PLW/IRQ/HUN/MYS/ROU/BLR.

[6] Trata-se um coeficiente matemático utilizado para medir a desigualdade social de um determinado país, desenvolvido pelo estatístico italiano Corrado Gini, e publicada no documento *Variabilità e mutabilità*. Ele mede a amplitude que a distribuição de renda (ou gastos em consumo, em alguns casos), se desvia de uma distribuição equitativa. Disponível em https://www.indexmundi.com/facts/indicators/SI.POV.GINI.

[7] Disponível em https://data.worldbank.org/indicator/SI.POV.GINI?locations=BR.

[8] CORRÊA, Marcello. "Brasil é o 10º país mais desigual do mundo". *O Globo*. 21.03.2017. Disponível em https://oglobo.globo.com/economia/brasil-o-10-pais-mais-desigual-do-mundo-21094828.

[9] RAFAEL, Georges; MAIA, Katia. *A Distância que nos Une*: um retrato das desigualdades brasileiras. Oxfam Brasil, 2017.

mais pobre. Países mais desenvolvidos e menos desiguais tributam renda e riqueza maiores com alíquotas variadas crescentes. Trata-se de *progressividade* tributária. A forma mais usual da técnica progressiva é aplicar alíquotas maiores à medida em que as bases de cálculo (de tributos) vão também se elevando. O Brasil tributa os ricos com cargas tributárias efetivas menores. É um sistema *regressivo*. "Um paraíso fiscal para os super-ricos", concluiu um estudo vinculado ao Programa das Nações Unidas para o Desenvolvimento (PNUD).[10]

Interessa-nos, nesse breve espaço de exposição, comentar acerca de uma má teoria econômica que se relaciona com nosso objeto de discussão e sobre certas publicações confusas que afetam a percepção de nosso sistema tributário.

Os tópicos tributários têm relação nada eventual com a ideologização da própria teoria econômica. É nela, a propósito, que emergiu com vasta difusão a ideia da economia *trickle-down,* que é algo como: economia do gotejamento, ou economia da cascata. Trata-se de concepção em que se o sistema econômico se ocupa a "dar dinheiro ao topo será benéfico para todos".[11] Porque a riqueza de uma elite, depois de acumulada, terminaria por *transbordar (gotejar)* para os extratos menos privilegiados da sociedade beneficiando, assim, a todos. Esta ideia nunca possuiu nenhuma comprovação empírica, há muito está desacreditada, mas tirou sua força da mesma fonte de onde tira quase toda ideologia: da vantagem que traz aos privilegiados. Ela resulta no aumento da concentração da riqueza dos que estão no topo, às expensas dos que estão embaixo. [11]

---

[10] ONU. "Brasil é paraíso tributário para super-ricos, diz estudo de centro da ONU". *Nações Unidas Brasil,* 31.03.2016. Disponível em https://nacoesunidas.org/brasil-e-paraiso-tributario-para-super-ricos-diz-estudo-de-centro-da-onu/.
[11] STIGLITZ, Joseph. *O Preço da Desigualdade.* Lisboa: Bertrand, 2014. p. 65.

Trickle down economics

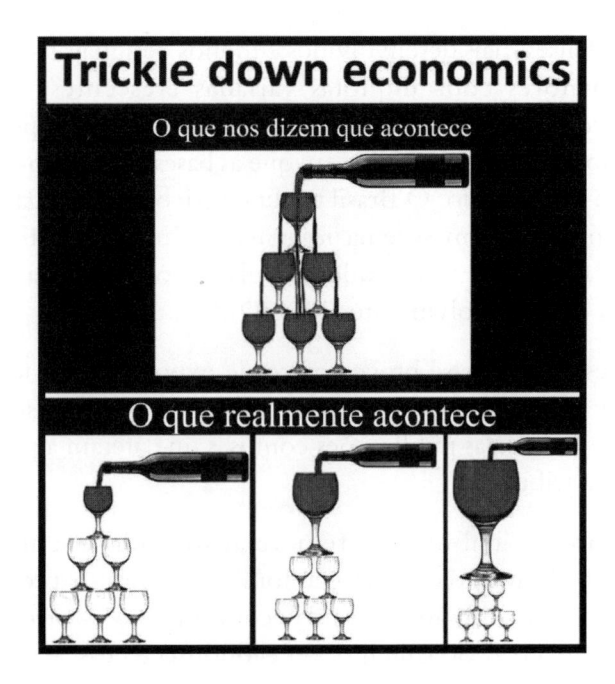

O que nos dizem que acontece

O que realmente acontece

O caso clássico dessa economia da cascata foram os cortes de impostos para os ricos efetuados pelo presidente americano Ronald Reagan nos anos oitenta do século anterior. "Presumia-se que esta redução criasse mais emprego e poupanças, [...] Reagan prometeu que o efeito de incentivos desses cortes seriam tão poderosos que as receitas fiscais *aumentariam* [...] mas a única coisa que aumentou foi o deficit".[12] O deficit federal americano subiu de 900 bilhões para 3 trilhões de dólares, a economia entrou em recessão, os EUA passaram de credores a maiores devedores na ordem econômica internacional e a taxa de desemprego passou dos 10% pela primeira vez desde a década de 1930.[13]

No Brasil, durante a ditadura, nos anos 70, o economista Antônio Delfim Netto, então Ministro da Fazenda, foi um dos disseminadores dessa ideologia:

---

[12] STIGLITZ, Joseph. *O Preço da Desigualdade*. Lisboa: Bertrand, 2014, p. 138
[13] WHEEN, Francis. *Como a picaretagem conquistou o mundo*. Rio de Janeiro: Record, 2007, p. 34.

IMPOSTO É COISA DE POBRE

Delfim afirmava querer "fazer o bolo crescer, para depois dividi-lo", mas os benefícios econômicos não atingiram pessoas de baixa renda, que tiveram seus salários reduzidos e sua participação na renda nacional decrescida de mais de 1/6 em 1960 para menos de 1/7 em 1970.[14]

Uma resposta padrão à concentração de renda e aumento de desigualdade da economia *trickle-down* era que, na verdade, embora a fatia do bolo reduzisse para a maioria, o bolo aumentava. Havia redução proporcional das fatias mas, em termos absolutos, o cidadão passava a ficar mais rico e todo mundo se beneficiava, ainda que os mais pobres menos que os mais ricos. Postula-se, então, a desigualdade como um requisito do crescimento. Essa narrativa foi ecoada nos Estados Unidos com diferentes versões. Numa das versões mais recentes, todos concordariam que reduzir desigualdades era algo humano e importante. Mas adotar políticas de redução de desigualdades comprometeria o crescimento e a estabilidade do sistema econômico. O preço disso era muito alto para a sociedade pagar.

Grande facticidade, entretanto, ia em sentido contrário. Pesquisas do Fundo Monetário Internacional e da Organização das Nações Unidas concluíram que a "desigualdade está sistematicamente relacionada à instabilidade".[15] O economista Joseph Stiglitz, ganhador do prêmio Nobel de economia em 2001, ressalta que o crescimento econômico tende a aumentar com a redução da desigualdade, pelo robustecimento da demanda interna: "Quando você desloca o dinheiro para o topo da pirâmide, há uma lacuna na demanda", mas quando o sentido é inverso, as pessoas têm carências de consumo e a economia

---

[14] 46ª TURMA DO PROGRAMA DE TREINAMENTO DE JORNALISMO DA FOLHA. "Delfim Neto". Personagens. *1968 – Ato Institucional AI-5,* Outubro, 2008. Disponível em http://www1.folha.uol.com.br/folha/treinamento/hotsites/ai5/personas/delfimNetto.html

[15] STIGLITZ, Joseph. *The Price of Inequality.* Talks at Google. 2012. https://www.youtube.com/watch?v=woerUgtufUo&t=1166s STIGLITZ, Joseph. "The Price of Inequality". *Talks at Google,* 2012. Disponível em https://www.youtube.com/watch?v=woerUgtufUo&t=1166s.

se dinamiza.¹⁶ Na verdade, a economia *trickle-down* é que penaliza a sociedade, que passa a pagar "o preço da desigualdade", argumentação que ele desenvolve nesse estudo, um dos mais conhecidos de suas publicações. O que Stiglitz diagnostica nas prescrições de políticas *trickle-down* não é nada do que elas sugerem: "[nesse] período de desigualdade crescente o crescimento foi mais lento e o tamanho da fatia dada à maioria dos norte-americanos tem diminuído". É uma economia que se torna vantajosa para 1% da população, para uma elite econômica, em detrimento de 99% da sociedade.

Paul Krugman, que em 2008 também foi premiado com o Nobel de economia, ocupou-se inúmeras vezes de dispersar a ilusão conveniente da economia de cascata, sublinhando as virtudes de políticas de redução de desigualdades: "Ser generoso com os ricos e cruel com os pobres não é, ao que tudo indica, a chave para o

---

¹⁶ STIGLITZ, Joseph. "The Price of Inequality". *Talks at Google,* 2012. Disponível em https://www.youtube.com/watch?v=woerUgtufUo&t=1166s.

crescimento econômico. Ao contrário, fazer a nossa economia mais justa faz ela mais rica".[17]

A progressividade tributária é uma política fiscal que tem um papel determinante na redução de desigualdades sociais e esse papel não se circunscreve à busca da justiça fiscal e social, ela é um elemento indispensável para a solidez do sistema econômico por corrigir distorções do mercado derivadas da desigualdade.[18]

O ataque ideológico para conter o papel do estado nessa redistribuição de riquezas pela tributação, no Brasil, é mais rudimentar. Quase não se tratou de criar ficções sobre a tributação dos ricos, mas sobre a própria ideia de tributação em si. Não se ignora que uma tributação robusta seja uma característica de países mais desenvolvidos, mas se fantasiou que no Brasil se arrecada até mais que nesses países, contudo, supostamente, não sabemos aplicar esses recursos dos tributos da mesma forma que as outras nações.

Então o que teríamos a fazer seria aumentar a eficiência administrativa? Pouco caminhou por aí o senso comum. A narrativa que desponta é a de que devemos desistir desse modelo de desenvolvimento (bem-sucedido) e adotar uma agenda de reduzir tributo. Resignar-se e desistir desse *custoso* modelo de desenvolvimento.

Ou ainda, numa versão mais extasiada, conseguir o mesmo desenvolvimento deles, mas pelo meio inverso, pela redução "dos impostos", dos recursos públicos. Deixe-se que o mercado livre (livre numa acepção mutilada, estritamente negativa, de desregulamentação) fará esse trabalho do desenvolvimento, estando também *livre de tributos*.

Essa representação é alimentada por dispersões de contextos que manipulam o entendimento, depreciando o assunto tributário.

---

[17] KRUGMAN, Paul. "Inequality as a drag". *The New York Times,* 07.08.2014. Disponível em https://www.nytimes.com/2014/08/08/opinion/paul-krugman-inequality-is-a-drag.html.

[18] STIGLITZ, Joseph. *O Preço da Desigualdade*. Lisboa: Bertrand, 2014, p. 185.

Perto do fim do primeiro semestre, no início do mês de junho, por exemplo, noticia-se: *brasileiro trabalhou até hoje para pagar tributos*. Ora, que brasileiro? O brasileiro médio? Como trabalhar com média nesse caso com um desvio tão abismal existente na distribuição da carga tributária entre as classes sociais? Para o brasileiro que ganha pouco a carga tributária é alta, tem que trabalhar acima da média, ou seja, até o fim de junho ou além. Se ganha muito, paga pouco imposto, a carga é bem menor. Provavelmente nem precisará *trabalhar* até o fim de fevereiro, se for muito rico. Nesse quesito de "número de dias que se trabalha por ano para pagar imposto" é importante destacar que nos países poucos desenvolvidos, nos países mais pobres, a carga tributária é em geral mais baixa, trabalha-se, em média, menos dias por ano para "pagar imposto". Trabalhar "para o Estado", como se maldiz, mais dias por ano, em geral, quer dizer que se está falando de economias mais desenvolvidas. O tributo é um critério de verificação de desenvolvimento nada desprezível. Se o trabalhador brasileiro de renda mais baixa está trabalhando o mesmo número de dias que um cidadão de país mais desenvolvido, é por injustiça da regressividade. É preciso mudar isso: é preciso passar a tributar os mais ricos para que a carga se alivie naqueles que ganham menos. Para o bem da justiça e para o bem da economia.

Mas claro que não é isso o que essas matérias tencionam. A ideia, nem tão subentendida assim, é que se deveria reduzir mais os tributos brasileiros indistintamente. O que significa retirar as escassas fontes de financiamento dos serviços públicos que atendem com mais frequência e intensidade aos de renda menor. Ou seja: aumentar a desigualdade.

Outra dissipação cognitiva é a divulgação anual de um *Índice de Retorno Tributário*, ou *Índice de Retorno de Bem-Estar à Sociedade*. Na apresentação desses índices eram arrebanhados vinte e nove países com as mais altas cargas tributárias e se adicionava o Brasil na comparação. Os países eram avaliados segundo dois critérios: o valor da carga tributária bruta e o índice do IDH.[19] Ao índice do IDH é atribuído o peso de 85%

---

[19] O Índice de Desenvolvimento Humano (IDH) é um indicador estatístico que compreende a aferição de expectativa de vida, educação e renda *per capita*, que são

e, à carga tributária, de 15%. O Brasil tem o menor IDH do grupo dos 30 países, e, dada a ponderação, pouca chance de escapar à lanterna na lista classificatória.

Mas a intenção não é afirmar a platitude de que o Brasil é menos desenvolvido que os países mais desenvolvidos. O propósito da publicação é ressaltar que usa pior os tributos que os demais. Para isso a carga tributária bruta é ostentada numa lista com países mais desenvolvidos, com alguns desses países com cargas menores que o Brasil.

A astúcia matemática é pretender que o Brasil, ostentando uma carga tributária bruta maior que alguns desses países e, contrariamente, pontuando um IDH menor, que isso suporia, sugeriria, *mais recursos e menos serviços*.

Mas a carga bruta não se presta a essa comparação. Ela é só o percentual que os tributos representam do PIB, como vimos. A medição da eficiência na tradução dos recursos em bem-estar à sociedade, que exigiria perspectivas bem mais complexas, nem de forma superficial poderia ser assim aferida. Até para uma avaliação perfunctória desses números está faltando um dado fundamental para essa análise, como já antes ponderamos, mas que vamos novamente ilustrar entranhando outros elementos no mesmo quadro.

Imagine-se mais dois países nessa lista. Um país "A" com carga tributária de 32% e IDH de 0,500 e outro "B" com exatamente essas mesmas cifras e coincidentemente, ainda, com o mesmo PIB que o país "A". Qual desses dois países ostentará um índice de "retorno de bem-estar à sociedade" maior? Pela sistematização do levantamento restariam empatados mas, na verdade, existe uma larga vantagem de eficiência do país "B", devido a um dado não considerado.

Trata-se da população do país "A", que é a metade da do país "B". A população atendida é uma variável essencial para uma avaliação dessa natureza. O país "B" portanto, conseguiu igualar o desenvolvimento

---

usados para classificar os países em quatro níveis de desenvolvimento humano. Disponível em http://hdr.undp.org/en/faq-page/human-development-index-hdi#t292n36.

com o país "A", ainda que tenha a metade dos recursos *per capita* deste (pois tem o dobro da população de "A"). Uma excepcional eficiência na aplicação de recursos, opaca à metodologia do levantamento.

Essa publicação foi largamente contestada com inúmeros outros problemas principiológicos, mas destacamos a contradita do José Antônio Meira Rocha[20] que, em 2014, verificou, após refutar a estruturação do estudo em diversos pontos, qual era a proporção da composição milesimal dos pontos de IDH em relação à arrecadação (aos recursos investidos) *per capita*. Isso para observar como, de fato, se classificariam os trinta países no confronto arrecadação *per capita* investida em perspectiva com a proporção do IDH. O Brasil se classificaria em 3º lugar na suposta eficiência da aplicação dos tributos.

1. A PROGRESSIVIDADE TRIBUTÁRIA: REDUÇÃO DE DESIGUALDADES E FORTALECIMENTO DA ECONOMIA

Nos anos 80, o presidente americano Ronald Reagan defendia que:

> (...) tornando o sistema tributário menos progressivo – baixando os impostos no topo – seria possível, na verdade, angariar mais dinheiro, uma vez que as poupanças e o trabalho aumentariam. Estava errado: as receitas fiscais caíram significativamente.[21]

O esforço político por mecanismos institucionais que valorizem o equilíbrio na distribuição de renda e riquezas, evitando a sua elevada concentração no topo, oportuniza a melhoria na qualidade de vida dos cidadãos, um dos maiores propósitos da política. No sistema econômico, a redução de desigualdades favorece ao robustecimento

---

[20] ROCHA, José Antonio Meira. "Brasil é 3º em ranking internacional de eficiência em aplicação dos impostos". *O homem que calculava*, 04.04.2014. Disponível em https://homemquecalculava.blogspot.com/2014/04/brasil-e-3-em-ranking-internacional-de.html.

[21] STIGLITZ, Joseph. *O Preço da Desigualdade*. Lisboa: Bertrand, 2014, p.186.

do mercado interno, pela qualificação da demanda. A dinâmica das transações comerciais se amplifica e engendram a produção industrial e o emprego.

Por esta razão é que o papel do sistema de tributação na redução de desigualdades é central para as ditas "economias mais desenvolvidas". E não é preciso ser economista ou tributarista para entender uma das mais básicas decisões políticas que a sociedade, por meio de seus representantes eleitos, precisa tomar *na forma* de se tributar para ter um efeito positivo de diminuição de desigualdades.

Os tributos podem incidir sobre diferentes momentos das relações econômicas: sobre a renda, lucros e ganhos de capital, sobre circulação de bens e serviços, sobre folha salarial, sobre propriedade etc.

Um dos critérios classificatórios mais importantes dos tributos é a divisão entre impostos diretos e indiretos. Diz-se que impostos diretos são aqueles que são cobrados de um contribuinte *de fato*. Nos impostos indiretos, quem paga de verdade, ou seja, o sujeito passivo que suporta economicamente o tributo, transfere esse pagamento (e a obrigação de recolher) para um terceiro, chamado de contribuinte *de direito*. Esse terceiro é que vai recolher o tributo para o erário.

Dada a importância do financiamento público, a própria Liga das Nações, ao fim da Primeira Guerra Mundial, apontou as tipologias dessa classificação: são diretos os impostos sobre a renda e a propriedade e indiretos os tributos sobre o consumo (transações), a produção e o uso.[22]

Os impostos diretos, pense no imposto sobre a renda, permitem ao Estado legislar com maior aproximação das condições econômicas dos contribuintes. Permite graduar com mais ou com menos carga, a depender da capacidade que o contribuinte tenha para financiar a organização da sociedade.

---

[22] E compreendia, ainda, o imposto atinente aos lucros líquidos sobre monopólios fiscais. BALEEIRO, Aliomar. *Uma Introdução à Ciência das Finanças*. Rio de Janeiro: Forense, 2001, pp. 280/281.

Verificar essa capacidade contributiva não é filantropia ou grandeza, é o engenho da própria supervisão da eficiência do sistema econômico que tem patentes reflexos sociais. Por isso os impostos, sempre que possível, terão esse caráter pessoal e serão graduados segundo a capacidade econômica do contribuinte. Trata-se textualmente de uma exigência do §1º do art. 145 da nossa Constituição Federal.

No caso dos impostos indiretos, tenha em tela um imposto cobrado no consumo, não se pode fazer essa adequação às características do contribuinte porque não se sabe quem é a pessoa que irá comprar, por exemplo, um pão e, consequentemente, pagar o imposto sobre a transação de compra. Tanto faz se é um rico ou um pobre que compra um mesmo pão, o imposto pago na aquisição será igual. O Estado arrecada indiferentemente à capacidade econômica do cidadão. Trata os desiguais de forma igual e assim lesiona um princípio básico de justiça – e, com mais rigor, de justiça fiscal.

Não é por outro motivo que a regra geral dos assim chamados "países desenvolvidos" é priorizar a sua arrecadação nos tributos diretos, como o imposto sobre a renda.

Nossa legislação caminhou em sentido contrário, com diversas medidas de redução na tributação da renda, com destaque para uma série de reduções efetuadas no ano de 1995, como o fim da imposição sobre a distribuição de lucros a pessoas físicas, a eliminação do Imposto de Renda Retido na Fonte sobre os lucros e dividendos distribuídos, a desoneração da tributação do lucro das empresas por meio da redução da alíquota do Imposto de Renda de Pessoa Jurídica (IRPJ) de 25% para 15%, entre outras várias desonerações.[23]

À revelia dessa prática redistribuidora por meio da mais importante tipologia de imposto que concorre para a progressividade do sistema, o nosso conjunto de tributação sobre a renda é menos representativa, como se vê num cotejo com países da OCDE.

---

[23] Ver listagem historiada das desonerações de 1995 e de outros em: SALVADOR, Evilasio. *As Implicações do Sistema Tributário Brasileiro nas Desigualdades de Renda*. Inesc, 2014, pp. 28/29. http://www.inesc.org.br/noticias/biblioteca/textos/as-implicacoes-do-sistema-tributario-nas-desigualdades-de-renda/publicacao/.

IMPOSTO É COISA DE POBRE

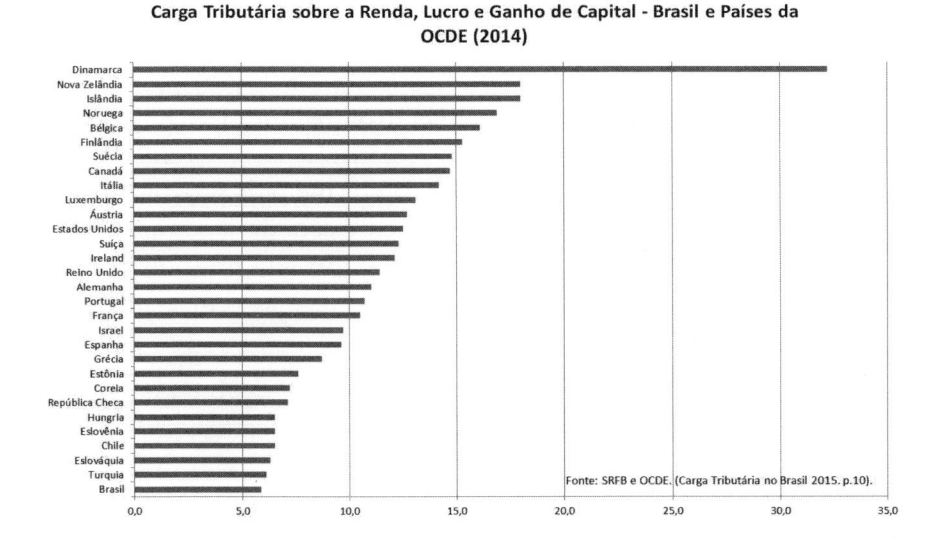

Carga Tributária sobre a Renda, Lucro e Ganho de Capital - Brasil e Países da OCDE (2014)

País	Valor (aprox.)
Dinamarca	32
Nova Zelândia	19
Islândia	18
Noruega	17
Bélgica	17
Finlândia	16
Suécia	16
Canadá	15
Itália	14
Luxemburgo	13
Áustria	13
Estados Unidos	12
Suíça	12
Ireland	12
Reino Unido	11
Alemanha	11
Portugal	10
França	10
Israel	9
Espanha	9
Grécia	8
Estônia	8
Coreia	8
República Checa	7
Hungria	7
Eslovênia	7
Chile	7
Eslováquia	6
Turquia	6
Brasil	6

Fonte: SRFB e OCDE. (Carga Tributária no Brasil 2015. p.10).

Desprezam-se assim as virtudes do mais importante imposto direto no esforço arrecadatório, justamente aquele que detém a capacidade de solidarizar melhor a sustentação fiscal da sociedade.

Se os impostos diretos (sobre a renda, sobre a propriedade) têm o poder de conferir maior equilíbrio à solidariedade econômica no suporte da sociedade, reduzindo desigualdades na medida em que contribui de forma mais eficiente para uma universalização dos serviços públicos, não é o mesmo caso quando se trata de impostos indiretos.

Quando o maior peso da arrecadação, quando seu maior volume provém dos tributos indiretos, ou seja, daqueles que incidem sobre os bens e consumo, a tendência é a degeneração do ordenamento da solidariedade fiscal na sociedade, a distribuição *per capita* da carga tributária total em geral é pressionada sobre rendas menores, e, num contexto de má distribuição de renda, inevitavelmente esse efeito é ressaltado.

É o fenômeno da regressividade tributária, onde quem ganha menos, paga mais imposto, ou seja, quem ganha menos compromete um percentual maior de sua renda na composição da receita pública. O que, à parte de ser uma profunda injustiça fiscal, é economicamente ineficiente porquanto os detentores das menores rendas são justamente aqueles que mais necessitam dos serviços públicos para melhorar a sua qualidade de vida.[24] Então o que se faz é subtrair renda, precarizar a existência de indivíduos que são justamente os maiores alvos de medidas protetivas. Os efeitos benéficos da redistribuição de renda ficam prejudicados. Quando se redistribui renda por meio da progressividade tributária, a tendência deverá ser o crescimento econômico uma vez que a demanda por produtos aumentará, a produção será pressionada. Isso faz cair o desemprego e assim se equaliza melhor as riquezas de uma sociedade.

A intensidade da arrecadação indireta de tributos no Brasil também contrasta com a aplicada pelos países da OCDE:

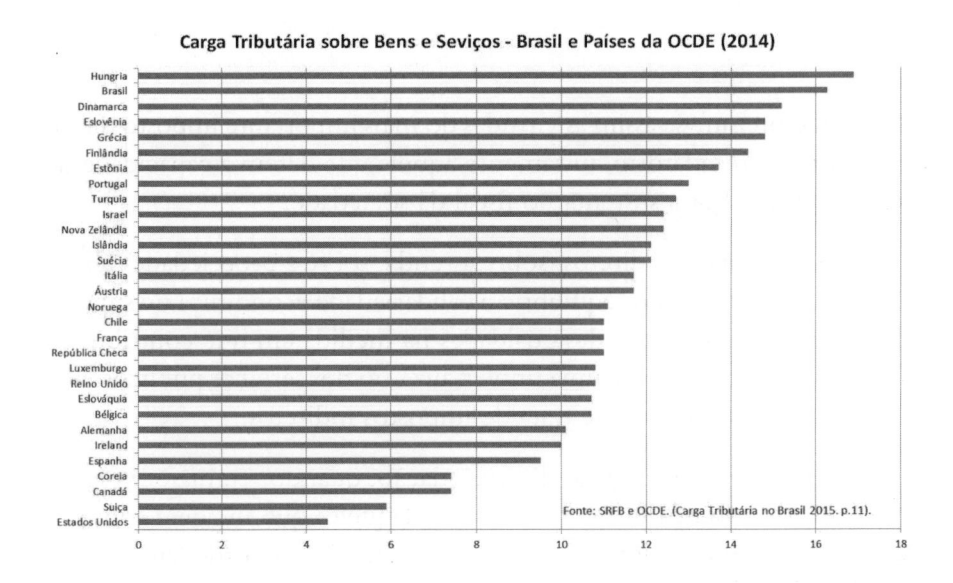

Carga Tributária sobre Bens e Seviços - Brasil e Países da OCDE (2014)

Fonte: SRFB e OCDE. (Carga Tributária no Brasil 2015. p.11).

E tal se reflete na disformidade na distribuição da solidariedade fiscal. No biênio 2008/2009 estimava-se que 10% das famílias mais ricas

---

[24] SALVADOR, Evilasio. *As Implicações do Sistema Tributário Brasileiro nas Desigualdades de Renda*. Inesc, 2014, p. 6. Disponível em http://www.inesc.org.br/noticias/biblioteca/textos/as-implicacoes-do-sistema-tributario-nas-desigualdades-de-renda/publicacao/.

usavam 21% de sua renda para o pagamento de tributos, enquanto 10% das famílias mais pobres do Brasil destinavam 32% da renda disponível.[25]

Tal modelo é perpetuador de desigualdades sociais é um obstáculo ao desenvolvimento econômico de um país. A tutela da qualidade do sistema e dos negócios coincide com a valorização da justiça social. Isso confunde a percepção de alguns com filantropia. Quando Krugman recomenda reduzir a desigualdade americana investindo nos desafortunados com ajuda pública de vários tipos, financiada com a tributação progressiva sobre os mais abastados[26], está discorrendo sobre o favorecimento, o equilíbrio e a sustentabilidade das variáveis que beneficiam a economia. Não fazê-lo é trabalhar pela degeneração desse sistema. Isso é o contrário do móbil da filantropia: não se trata de ação desinteressada para auxílio alheio; o que ampara a iniciativa é um interesse, é o crescimento.

2. REVOLUÇÃO SEM SANGUE

Pra lá de dois milênios e meio, Aristóteles, em "A Política", analisava o excesso de desigualdade como causa das subversões políticas.[27] "As forças das coisas" sempre tendem a ampliar a desigualdade e, por isso, cabe à legislação cultivar a redução destes distanciamentos, disse depois Jean-Jacques Rousseau, em "Do Contrato Social".[28] Em outro momento, Rousseau recomendaria tributar o luxo para se erradicar a opulência e a indigência.[29]

Mais que uma injunção moral, o combate à desigualdade pertence à teoria política clássica e contemporânea no capítulo da estabilidade de

---

[25] SALVADOR, Evilasio. "O Regressivo Sistema Tributário Brasileiro". *CartaCapital*, 04.04.2016. Disponível em https://www.cartacapital.com.br/economia/o-regressivo-sistema-tributario-brasileiro.

[26] KRUGMAN, Paul. *A Consciência de um Liberal*. Rio de Janeiro: Record, 2010, p. 306.

[27] ARISTÓTELES. A Política. São Paulo: Martins Fontes, 1998, p. 200.

[28] ROUSSEAU, Jean-Jacques. *Do Contrato Social*. Coleção Os Pensadores. São Paulo: Nova Cultural, 1999, pp. 127/128.

[29] "Projeto de Constituição para a Córsega". *Apud*: ARAMAYO, Roberto R. Rousseau: e a política fez o homem (tal como ele é). São Paulo: Salvat do Brasil, 2017, p. 72.

regimes, assim como à teoria econômica como um dos fundamentos de desenvolvimento da forma hodierna do capitalismo.[30]

O combate à desigualdade por meio da tributação progressiva é uma fórmula que não pode ser subestimada e grandes economistas de nosso tempo não cessam de recomendá-la.

Stiglitz lamenta como as forças conservadoras escanteiam a progressividade para prejuízo de todo o sistema econômico.[31]

"Acho que é difícil que um sujeito compreenda alguma coisa quando as contribuições financeiras para suas campanhas políticas dependem de que ele não compreenda", afirma, no mesmo sentido, Krugman.[32]

O registro de períodos de maior redução de desigualdades se verificou depois de grande turbulência social, como após a Revolução Francesa, após a Primeira e, principalmente, a Segunda Guerra Mundial.

A desoneração fiscal dos mais ricos foi uma das causas determinantes da Revolução Francesa. Os nobres valiam-se de sua proximidade com a monarquia para obterem benefícios fiscais. Havia a previsão de tributos para essa classe, mas muito pouco efetivo pagamento. O peso da arrecadação recaía sobre impostos indiretos sobre o Terceiro Estado, particularmente forte sobre burgueses e campesinos e um pouco menos sobre artesãos e operários.[33]

As elites tendem a não aceitar pacificamente pagar mais impostos, diz o autor de um dos mais célebres estudos sobre desigualdade, o

---

[30] LAMUCCI, Sérgio. "Desigualdade de renda afeta expansão do PIB, aponta FMI". *Valor Econômico*, 15.06.2015. Disponível em https://www.valor.com.br/internacional/4094348/desigualdade-de-renda-afeta-expansao-do-pib-aponta-fmi.

[31] STIGLITZ, Joseph. *O Preço da Desigualdade*. Lisboa: Bertrand, 2014, p. 185.

[32] KRUGMAN, Paul. "O corte de impostos vai bem?". *Novas Tecnologias,* 02.05.2018. Disponível em http://www.novastecnologiass.com/o-corte-de-impostos-vai-bem-02-05-2018-paul-krugman/.

[33] BURNS, Edward McNall. *História da Civilização Ocidental:* do homem das cavernas até a bomba atômica. O drama da raça humana. Porto Alegre: Globo, 1981, p. 596.

economista Thomas Piketty: "espero que o Brasil tenha mais sorte e possa fazer isso sem passar por choques traumáticos como as guerras. É deprimente ver que décadas de democracia no Brasil foram incapazes de promover mudanças nessa área".[34]

Historiador da desigualdade no mundo, Walter Scheidel aponta o Brasil e toda América Latina como "esperanças" dessa emancipação pacífica.[35] Cabe saber se o país reunirá esclarecimento bastante para que, em bases civilizadas de engendramento político, redesenhe um eixo econômico-tributário favorecedor à redistribuição de renda.

A evolução do sistema tributário brasileiro para um modelo progressivo é um dos imperativos mais relevantes da recuperação e da estabilidade econômicas. Os benefícios que essa conformação de nossa estrutura fiscal podem trazer ao país é um dos itens mais fundamentais a serem conferidos nos programas dos nossos representantes políticos. Ela permite disponibilizar espaço orçamentário para investimentos em saúde, educação e infraestrutura para robustecer a nossa economia pela emergência de um mercado interno e pela nova dinâmica do crescimento econômico, conferindo dignidade à nossa cidadania – conforme nos promete nosso alicerce constitucional.

---

[34] BALTHAZAR, Ricardo. "Brasil não cresce se não reduzir sua desigualdade, diz Thomas Piketty". *Folha de São Paulo*, 28.09.2017. Disponível em: https://www1.folha.uol.com.br/mercado/2017/09/1922435-brasil-nao-cresce-se-nao-reduzir-sua-desigualdade-diz-thomas-piketty.shtml.

[35] MOTA, Camila Veras. "Da Roma Antiga ao século 20, violência foi fator-chave para reduzir desigualdade, diz historiador". *BBC Brasil*, 21.01.2018. Disponível em https://www.bbc.com/portuguese/geral-42723741.

OS GRANDES NEGÓCIOS QUE NASCEM DA CARTELIZAÇÃO DA MÍDIA

LUIS NASSIF

PEÇA 1. MERCADO E CARTELIZAÇÃO

Em 1890, o senador John Sherman, de Ohio, conseguiu aprovar a Lei *Sherman Antitrust* visando combater a concentração de poder nas grandes corporações e os pactos visando o controle dos mercados.

Foi uma reação contra os poderes excessivos, especialmente da *Standard Oil* e da *American Railway Union*, cujo monopólio prejudicava empresas e consumidores.

O *Sherman Act* proibia "todo contrato, combinação ou conspiração na restrição do comércio" e qualquer "monopólio, tentativa de monopólio, ou conspiração ou combinação para monopolizar".

As penalidades podiam ir do campo civil ao criminal, com penas que variavam de US$ 10 milhões a US$ 100 milhões para empresas e até dez anos de prisão para indivíduos.

Mesmo assim, levou pelo menos dez anos para ser assimilada pelo Judiciário. Apenas em 1910 foi efetivamente aplicada, quando a Suprema

Corte ordenou o desmembramento da *Standard Oil* e abriu caminho para leis mais específicas.

Em 1914, o Congresso dos EUA aprovou duas leis antimonopólio adicionais: o *Federal Trade Commission Act*, que criou o FTC e o *Clayton Act*.[1]

O FTC proibia "métodos injustos de concorrência" e "atos ou práticas injustas ou enganosas". E também outras práticas que prejudicam a concorrência, e que não se encaixavam em categorias de conduta enquadradas na Lei *Sherman*.

A Lei *Clayton* foi mais específica, incluindo situações como fusões e diretorias interligadas – enquadrando casos em que as decisões de negócios são subordinadas a uma mesma pessoa. Proíbe também fusões e aquisições em que o efeito "possa reduzir substancialmente a concorrência ou tender a criar um monopólio".

A partir de então, o mercado concorrencial tornou-se definitivamente um dos pilares da economia de mercado.

Tudo foi possível devido a uma aliança de políticos, empresas e jornais regionais.

PEÇA 2. MERCADO DE OPINIÃO

O mercado de opinião é bastante similar a outros mercados de consumo, no qual a competição é elemento essencial de defesa do consumidor. Com uma diferença substancial: informação e opinião são peças essenciais na construção da democracia e na defesa dos direitos, ao permitir o confronto de ideias e a igualdade de oportunidade para a apresentação dos argumentos.

Não apenas isso. Campanhas de mídia podem decidir guerras comerciais, assassinar reputações corporativas, influenciar a política e o Judiciário, incutir ódio ou esperança.

---

[1] No site da Comissão Federal de Comércio para Leis Antitrustes dos EUA (https://goo.gl/p7iUTm) há um detalhamento da legislação.

E aí, entra-se em algumas características similares em uma modalidade especial de consumo: os chamados bens de *status*, aqueles que permitem ao consumidor identificar-se com sua classe social ou emular classes socioeconômicas mais abonadas.

Já no século 19, a incipiente ciência política identificava características intrínsecas às modernas democracias: a insegurança social, o oposto da estratificação do sistema anterior, na qual quem nascia servo, morria servo, e quem nascia nobre, nobre morria.

Entre os bens de consumo de *status*, como instrumento de afirmação de classe, nenhum é mais relevante do que os bens oferecidos no mercado de opinião. E não está se falando dos pensadores liberais ou progressistas, mas da massa, dos que seguem os sinais de qualquer flautista de Hamlin que se apresente.

Ter a mesma opinião da sua classe social, ou compartilhar a opinião da classe de seus chefes, tornou-se um dos instrumentos de conforto das incertezas sociais do classe média em relação ao mais forte sentimento social – o medo –, permitindo a ele a sensação ilusória da consolidação de seu *status* social. É um sentimento especialmente motivador daqueles de ascensão social recente, cuja geração anterior veio da área rural ou das periferias do consumo, e para os quais o risco de retrocesso é um fantasma permanente.

É esse sentimento o principal impulsionador do chamado *efeito-manada*, a capacidade de direcionar a opinião pública com discursos de ódio dirigidos a minorias – raciais, políticas ou sociais –, especialmente mobilizadores nos períodos de grandes mudanças sociais, pelas políticas de inclusão ou pelos movimentos migratórios. Ou pela insegurança em relação a um novo mundo que surge, fincado na automação, na perda de privacidade, no controle geral.

PEÇA 3. O CONCEITO DE CARTELIZAÇÃO NA MÍDIA

No mercado de bens, a cartelização permite aos fornecedores aumentar os preços ou oferecer produtos de menor qualidade. E no mercado de opinião?

Antes, uma pequena descrição de aplicação dos conceitos de cartel no mercado de opinião. Há pelo menos quatro atos que caracterizam práticas de cartel e monopólio.

Ato 1 – A propriedade cruzada

Um mesmo grupo ser proprietário de mais de um veículo em um mesmo local. Em países com legislação avançada, o conceito de informação é amplo. Analisa-se, primeiro, o mercado. Depois, os fatores de "venda" de opinião: jornal, rádio, TV etc. Dentro desse conceito, há obstáculos que um mesmo grupo acumule mais de um veículo em cada cidade. Ou seja, quem controla o jornal local não pode ter uma rádio ou uma emissora de televisão.

Ato 2 – Os índices de audiência

Uma forma mais moderna de medir o poder de mercado é através da audiência do veículo. Muitos países definem tetos para a audiência, especialmente de emissoras da TV aberta.

Ato 3 – as redes de rádios e TVs

Pouco importa se as emissoras associadas não são de propriedade do cabeça de rede. O que importa é o poder do cabeça de rede de definir a linha política da cobertura ou os pacotes comerciais nacionais.

Ato 4 – formadores de opinião

Uma medida de aferição mais difícil consiste em identificar, em uma realidade midiática complexa – que inclui públicos regionais, redes nacionais e regionais de rádio e TV, jornais regionais, veículos menores nas capitais – quais veículos comandam a opinião pública, quais os que influenciam diretamente as fontes de poder – Executivo, Legislativo, Judiciário, as corporações de Estado, o mercado.

Por exemplo, a guerra do Iraque foi sustentada por *fakenews* disseminadas pelo mais influente jornal do planeta, o *The New York Times*. No Brasil, decisões do Supremo Tribunal Federal, Ministério Público Federal e da Justiça em geral são pautadas por notícias da mídia, mesmo as mais inverossímeis.

PEÇA 4. A MÍDIA GLOBAL NA ERA DAS REDES SOCIAIS

O poder massacrante das redes abertas de TV começou a se diluir com o avanço da TV a cabo, distribuindo melhor a audiência. Mas o advento das redes sociais, pela primeira vez, permitiu que o contra discurso aos grupos de mídia se desse na mesma plataforma tecnológica. Globalmente, esse fenômeno altera profundamente o conceito de mercado de opinião.

O primeiro grande teste foi na eleição de Barack Obama, em 2008. Obama enfrentou uma das campanhas mais sujas da história do país. Foi acusado de ligações com o terror, de professar religião oriental, entre outras acusações. Terminou a campanha sem conceder uma entrevista sequer aos veículos tradicionais de mídia.

A campanha foi comanda pela rede *Fox*, do magnata australiano Rupert Murdok, e visava aumentar a influência política dos grupos de mídia tradicionais, para fazer frente aos novos atores que surgiam com a Internet. Murdok criava mentiras na *Foxnews* e se valia das incipientes redes sociais para propagá-las.

Mas a equipe de Obama soube trabalhar melhor as novas ferramentas das redes sociais. Foi a primeira batalha nacional entre os grupos tradicionais e os guerrilheiros das redes sociais.

Os grupos de mídia imaginavam que os novos adversários seriam as empresas de telefonia, muito maiores que os grupos de mídia, e provedoras de infraestrutura. Nos anos seguintes, se consolidaria o novo campeão, as redes sociais, colocando em xeque o modelo de negócios da mídia tradicional.

Assim que eleito presidente, Obama inaugurou seu governo convidando três personalidades a visitar a Casa Branca: os presidentes da *Apple*, do *Google* e do *Facebook*.

Foi a maneira que encontrou para mostrar à imprensa norte-americana que um novo poder se levantava.

O contra-ataque das corporações ocorreu recentemente, através do *Atlantic Council* – um escritório de *lobby* nos Estados Unidos que congrega grandes corporações, altos funcionários públicos, procuradores gerais da América Latina e regimes políticos suspeitos.

Sites financiados pelo *Atlantic City* ajudaram a disseminar estudos falsos superdimensionando a influência russa nas eleições norte-americanas. O alarido motivou uma sessão do Congresso, território preferido de atuação do *lobby* do *Atlantic Council*, que convocou Mark Zuckerberg, o controlador do *Facebook*. Pela primeira vez, o *Facebook* se viu confrontado pelo Estado nacional – e logo o mais poderoso deles.[2]

Em seguida, o *Facebook* contratou a própria *Atlantic Council*, que sugeriu a montagem de uma rede internacional de checadores de notícias, podendo definir o que é ou não *fakenews* nas redes sociais. Inaugura-se, ali, uma nova etapa em que, a pretexto de coibir *fakenews* e discursos de ódio, irá se tentar invisibilizar as vozes antiglobalização.[3]

PEÇA 5. O MERCADO DE OPINIÃO BRASILEIRO

Até o início da década, o mercado de opinião brasileiro era constituído pelos seguintes grupos:

1. *Sistema Globo*, com a maior TV aberta, a maior rede de emissoras, a maior rede de rádios, o maior portal de Internet e o maior jornal do Rio de Janeiro;

---

[2] Veja a respeito do tema: https://goo.gl/gXPRXe.
[3] https://goo.gl/Mn6xST.

2. Um subgrupo de publicações impressas de primeiro time, com *Folha, Estadão* e *Veja*;
3. Outros veículos com influência relativa, como a rede *Bandeirantes*, a *Record* e a revista *IstoÉ*;
4. O contraponto solitário da revista *CartaCapital*, de Mino Carta.

Debaixo deles, uma infinidade de veículos regionais, jornais, rádios, TV, emulando a opinião dos veículos centrais.

[Diagrama: Rede Globo — Jornal Nacional, Globonews, CBN, G1, O Globo, Rede Globo; Impressos — Folha, Estadão, Veja; Outros — Bandnews, Record, IstoÉ]

Com o tempo, houve perda expressiva da influência da *Veja*, perda grande na influência do *Estadão* e da *Folha*; *IstoÉ* tornou-se inexpressiva e ocorreu uma concentração inédita de influência em torno de uma organização apenas, o *Sistema Globo*.

A *Globo* passou a deter uma influência imbatível junto a média e alta gerência privada, ao mercado, ao Judiciário de maneira geral, ao Ministério Público, e às corporações de elite, estas fortalecidas nos últimos anos pelas políticas do PT — como a AGU (Advocacia Geral da União), CGU (Controladoria Geral da União), e TCU (Tribunal de Contas da União), ocupadas em grande parte pelos chamados "concurseiros".

PEÇA 6. A MÍDIA BRASILEIRA E AS REDES SOCIAIS

O primeiro movimento dos grupos de mídia brasileiro, em relação às redes sociais, consistiu em adotar o estilo Rupert Murdok, importados por Roberto Civita, o *cappo* da editora Abril.

Fragilizados pela maxidesvalorização de 1999, que pegou quase todos os grupos no contrapé, altamente endividados em dólares, inseguros em relação às novas mídias, montou-se um cartel em defesa do modelo.

Criavam-se os factoides mais inverossímeis, especialmente a partir da revista *Veja*, um pouco da parte da *Folha*. O *fakenews* era repercutido pelo *Jornal Nacional* e, em seguida, pelos demais jornalões. A partir dali se espalhava pelo país. Ficava algum tempo no ar, até ser substituído por um novo factoide, que não tinha sequer a preocupação com a verossimilhança.

Esse modelo de atuação desmoralizou-se por si próprio. O segundo movimento surge a partir do "mensalão".

Com a Lava Jato, essa parceria tornou-se uma força cega, que funcionou até o *impeachment* de Dilma Rousseff, impulsionada especialmente pela Rede Globo – ela própria refém do MPF devido ao seu envolvimento nos escândalos do futebol, no chamado "caso FIFA".

Com a força obtida no mensalão, conseguem do governo Dilma Rousseff proibir publicidade oficial nas redes sociais. Medida tardia: o *Google* já se tornara a segunda maior receita publicitária do país, após a Globo.

A única narrativa discordante vinha de um conjunto de *blogs* e *sites* jornalísticos independentes.

A estratégia montada para calar a dissidência seguiu etapas.

Na primeira, o governo Temer, mal assumindo, proibiu qualquer publicidade de empresas públicas nesses veículos.

O movimento mais expressivo foi a parceria montada com o Ministério Público e a Justiça, usando a estratégia da invisibilização da parte contrária. Ambos, MPF e Poder Judiciário consideram que, se não saiu na grande mídia, não aconteceu. Foi um movimento de autodefesa, fundado na parceria com a mídia tradicional, que varreu para baixo do tapete todos os abusos ocorridos no período.

Simultaneamente, ocorreu uma articulação com grupos de *lobbies* internacionais, visando enquadrar o conteúdo das redes sociais através das agências de checagem.

Embrulhado no objetivo legítimo de denunciar as notícias falsos, escondeu-se o objetivo maior, de calar as vozes que poderiam denunciar os grandes negócios que se montavam, amparados pela cartelização da mídia.

PEÇA 7. COMO A CARTELIZAÇÃO ABRE CAMINHO PARA JOGADAS

O golpe do *impeachment* abriu caminho para o maior balcão de negócios desde a privatização dos anos 90.

Dois casos são exemplares para mostrar os prejuízos ao país advindos da cartelização da opinião pública.

Caso Petrobras

Faz parte da lógica das empresas petrolíferas a integração de todas as etapas, da prospecção à distribuição final.

Durante o *boom* do petróleo, surgiram diversas empresas comercializadoras de petróleo atuando com vendas à vista e avançando para aumentar seu papel no refino e na distribuição.

Um dos objetivos centrais do golpe foi a revogação da lei de partilha – que concedia à Petrobras o controle sobre o pré-sal – e o desmonte da própria Petrobras.

Para tanto, a mídia, especialmente as Organizações Globo, trataram de espalhar o *fakenews* da Petrobras excessivamente endividada, sem capacidade de investimento, podendo quebrar. E a única salvação seria a venda de partes expressivas dela, da exploração ao refino e à distribuição.

Ao mesmo tempo se calou sobre a política implementada pelo presidente Pedro Parente, de praticar preços de derivados que viabilizavam a concorrência, a importação do produto. Com isso, criou uma capacidade ociosa nas refinarias que reduziu sua rentabilidade.

Há um termômetro simples para avaliar a solidez de uma empresa: a colocação de bônus no mercado internacional. A empresa precisa se submeter à análise das agências de risco e às avaliações dos mais capacitados investidores do planeta.

Em 2015 a Petrobras levantou US$ 18,5 bilhões no mercado financeiro. Todas as emissões de bônus tiveram demanda várias vezes maior que a necessidade, todas tiveram boas notas de *rating* e foram lideradas por *top* bancos globais.

Em 1º de junho de 2015, ainda no governo Dilma, a Petrobras levantou US$2,5 bilhões em bônus de 100 anos de prazo, um prazo exótico e só aceito para emissoras de primeiríssima linha. A demanda foi de quatro vezes o necessário. A emissão foi liderada pelo *Deutsche Bank* e pelo *J.P.Morgan*. E já estava em pleno andamento a campanha do "petrolão" e de pichação da empresa pela mídia.

Em 17 de maio de 2016, a Petrobras emitiu bônus de 5 anos, no valor de US$ 5 bilhões e bônus de 10 anos, no valor de US1,75 bilhões, demanda 3 vezes maior.

Em 9 de janeiro de 2017, a Petrobras emitiu US$ 4 bilhões de bônus com a finalidade de recomprar bônus com vencimento para 2026, operação típica de empresas super líquidas e que estão com o caixa folgado. Na realidade, a Petrobras estava antecipando o pagamento de dívidas, da mesma maneira que fez com financiamentos do BNDES.

Durante todos os governos do PT até o fim do governo Dilma a Petrobras fez emissões regulares de bônus sem qualquer dificuldade de colocação, as emissões sempre tiveram *oversubscription*, demanda sempre no mínimo três vezes superior à oferta.

OS GRANDES NEGÓCIOS QUE NASCEM DA CARTELIZAÇÃO DA MÍDIA

Uma semana antes da posse de Pedro Parente (1.6.2016), a Petrobras colocou com extrema folga emissão de bônus em Nova York.

Mas a narrativa ecoada pelos grupos de mídia era o *fakenews* da Petrobras quebrada. Firmou-se uma convicção na opinião pública oficial que permitiu a Pedro Parente iniciar o desmonte da empresa. O único contraponto foi dos *blogs* independentes.

Caso Eletrobras

A Eletrobras é uma companhia com ativos avaliados em 400 a 600 bilhões de reais, com dívidas de 39 bilhões e passivos ocultos de 64 bilhões, mas que podem ser liquidados por um terço disso.

A estratégia da privatização começou com um estudo da 3G, grupo financeiro controlado por Jorge Paulo Lehman. A partir da mera análise contábil, estimou o valor do controle da Eletrobrás em R$ 15 bilhões, o mesmo valor conseguido pela churrascaria Fogo no Chão.

Os cálculos e projeções apresentados para avaliar o preço se baseavam nos valores contábeis dos ativos e passivos de balanço. Trata-se de um engodo monumental, uma metodologia que a 3G – que elaborou os estudos – jamais utilizou em qualquer processo de fusão e aquisição de mercado, porque não tem valor nenhum. O que sempre valeu é a projeção de resultados, ajustados por fatores como risco e volatilidade das ações.

A Eletrobras tem 184 usinas e produz 42.000 MW de energia. E o valor das concessões não entra em seu balanço.

Para efeito de comparação, a Usina São Simão, da CEMIG, antiga, com 1.710 MW de potência instalada, teve uma concessão vendida por R$ 7,1 bilhões. Esse valor não estava em nenhum balanço. Por uma regra de três simples, apenas as concessões da Eletrobras deveriam valer R$ 289 bilhões.

A Espanha não é nenhuma potência hidrelétrica. No entanto, a Iberdrola, segunda empresa elétrica da Espanha, tem valor de mercado equivalente a R$ 138 bilhões.

O discurso único ajudou a consolidar, igualmente, grandes desastres macroeconômicos, como os cortes dos financiamentos dos bancos públicos, aprofundando a recessão; ou a Lei do Teto, congelando as despesas públicas por 20 anos.

O DISCURSO JURÍDICO BRASILEIRO: DA FARSA AO CINISMO

RAFAEL VALIM

Sejamos francos, pois o momento não admite meias palavras.

Atualmente, a comunidade jurídica brasileira está dividida em certos grupos: os que integram o sistema de Justiça e estão, às expensas do povo, cometendo arbitrariedades inomináveis; os que tentam se aproveitar das circunstâncias para obter vantagens; os que, embora compreendam o grave estado de coisas atual, preferem se calar; os que, por um grave déficit cognitivo ou por uma cegueira ideológica incurável, julgam que está tudo em ordem e que o Brasil logo extirpará o "lamaçal da corrupção"; e finalmente, os que, apesar do macarthismo implacável, não abdicaram do compromisso histórico de enfrentar o arbítrio, ainda que togado.

A maioria, portanto, sabe que o Direito foi sepultado no Brasil, mas apenas uma minoria se dispõe a denunciar a gravíssima situação em que estamos inseridos. Com este breve texto pretendemos contribuir, mais uma vez, para o desvelamento do insondável discurso jurídico nacional, expondo, de maneira direta e acessível, como transitamos de uma razão farsesca para uma razão cínica.

Pois bem. O Direito brasileiro oscila, historicamente, entre a explícita legitimação dos interesses oligárquicos e o que o Professor Fábio

Konder Comparato chama de "duplicidade dissimulatória". De um lado, belíssimas proclamações de princípios, instituições jurídicas avançadas, consagradoras de inúmeros direitos, de modo a equiparar-se aos países cêntricos; de outro lado, uma massa de excluídos vivendo no mais completo desamparo, cujos mais básicos direitos são desrespeitados. Ou seja, uma enorme farsa, em que um ordenamento jurídico de vigência meramente nominal coexiste com uma realidade violenta presidida pela lei do mais forte.

Nesse quadro, conceitos como "Estado de Direito", "direitos fundamentais", "devido processo legal", embora tenham presença constante nos livros de Direito e nos textos oficiais, sempre se apresentaram como privilégios de classe, raça e gênero, manipuláveis ao sabor de poucos. Quando, por algum acidente, um caso de grave violação de direitos de um excluído ganhava notoriedade, punia-se exemplarmente o acusado e, no minuto seguinte, perpetravam-se as mesmas violações.

Note-se que, como toda farsa, havia o esforço, consciente ou inconsciente, de esconder a mentira, manter o ardil, o embuste. Assim, por exemplo, os agentes do sistema de Justiça – delegados, juízes, promotores – geralmente se caracterizavam pelo recato e pelo apego à tradição e à liturgia. Os legisladores, por sua vez, faziam discursos grandiloquentes de salvação nacional e, nos bastidores, tramavam contra o seu próprio povo.

Nos últimos anos, entretanto, houve uma mudança profunda deste cenário e, lamentavelmente, para pior. Passamos da farsa para o cinismo. Há um evidente descaso das pessoas, sobretudo dos agentes públicos, com a ordem jurídica, cuja transgressão é feita agora às claras, à vista de todos, sem o menor pudor. Acabou a preocupação com a dissimulação: se um juiz quer prender alguém, prende, sem qualquer apreço à presunção de inocência; se um promotor quer acusar alguém, forja uma denúncia com base em delações falsas; se o legislador quer derrubar um Presidente, invoca em sua motivação o aniversário da neta, os militares de 64, ou a proteção da família brasileira; se o Presidente da República quer promover negociatas e beneficiar interesses escusos, simplesmente dilapida o patrimônio nacional.

O DISCURSO JURÍDICO BRASILEIRO

Os estados de exceção que, via de regra, vêm "camuflados" de legalidade, hoje no Brasil se expõem à luz do dia, numa marcha insensata que parece não ter fim.

É certo que, em escala global, verificamos o mesmo cinismo que acabamos de assinalar, de que é exemplo eloquente a política de aprisionamento de crianças nas fronteiras dos Estados Unidos. Trata-se do atual perfil da dominação neoliberal, cuja brutalidade despreza até parâmetros mínimos de ordem humanitária.

Interessa-nos, porém, refletir sobre o particular caminho que conduziu o Brasil ao atual desastre, em especial sobre os verdadeiros responsáveis por tal situação.

De pronto, é de se reconhecer que o curto período de governos eleitos por vias democráticas desde a promulgação da Constituição de 1988 até o golpe de Estado desferido contra a Presidenta Dilma Rousseff, em 2016, foi, em rigor, uma mera "concessão" das elites. Nada estava conquistado, como muitos pensavam ingenuamente. Quando quiseram retomar as rédeas do poder político, de modo a impor a sua pauta sem mediações, fizeram-no com grande facilidade. Neste grande jogo de várzea que é o Brasil, a elite sempre foi e continua sendo a dona da bola.

O curioso, em verdade, foi o modo como as elites retomaram a bola e aqui entra em cena o Poder Judiciário. Sem querer isentar de responsabilidade os demais atores, não resulta difícil concluir que o real protagonista deste último capítulo da eterna tragédia brasileira é um grupo considerável de juízes e promotores que, sem cerimônias, em nome de um suposto "combate à corrupção", resolveu deixar de lado a Constituição e as leis e partir para um "vale tudo" insólito contra determinados inimigos cuidadosamente escolhidos. É o que chamamos de *estado de exceção jurisdicional*, cuja comprovação é facílima em tempos de cinismo. Basta ler este trecho de uma decisão do Tribunal Regional Federal da 4ª Região:

> Ora, é sabido que os processos e investigações criminais decorrentes da chamada "Operação Lava-Jato", sob a direção do magistrado representado, constituem caso inédito (único,

excepcional) no direito brasileiro. Em tais condições, neles haverá situações inéditas, que escaparão ao regramento genérico, destinado aos casos comuns. Assim, tendo o levantamento do sigilo das comunicações telefônicas de investigados na referida operação servido para preservá-la das sucessivas e notórias tentativas de obstrução, por parte daqueles, garantindo-se assim a futura aplicação da lei penal, é correto entender que o sigilo das comunicações telefônicas (Constituição, art. 5º, XII) pode, em casos excepcionais, ser suplantado pelo interesse geral na administração da justiça e na aplicação da lei penal. A ameaça permanente à continuidade das investigações da Operação Lava-Jato, inclusive mediante sugestões de alterações na legislação, constitui, sem dúvida, uma situação inédita, a merecer um tratamento excepcional.

O que está dito nesta decisão? Em síntese: juízes, quando quiserem, violem as normas. Esqueçam a vontade popular traduzida na Constituição e nas leis e decidam segundo sua própria convicção. Carl Schmitt, teórico maior do nazismo, sussurra em nossos ouvidos: "soberano é quem decide sobre a exceção". O que nos remete à indagação: quem conferiu este poder soberano ao Judiciário?

Por mero acaso, os inimigos destes bravos juízes e promotores são, fundamentalmente, as pessoas que estão ao lado dos excluídos no Brasil e, em particular, a maior liderança popular da atualidade. Que coincidência! Por outro lado, o esquema criminoso da dívida pública, tão bem esclarecido pela ilustre Maria Lucia Fattorelli em artigo que compõe esta obra, não merece a atenção e o empenho destes incansáveis defensores da moralidade administrativa.

Com um cinismo que beira o deboche, alguns juízes se converteram em "parceiros" do Ministério Público. Ambos se irmanaram na "cruzada" contra a corrupção e, obviamente, neste contexto, o direito de defesa é visto como um ato de insolência, um desafio à autoridade dos imaculados soberanos e, assim, o advogado combativo também passa a figurar no rol dos inimigos. Advogado amigo é apenas aquele que recomenda a assinatura dos acordos de delação premiada nos exatos termos exigidos pelo Ministério Público.

O DISCURSO JURÍDICO BRASILEIRO

Alguns, a esta altura, devem estar pensando: que exagero! A estes céticos, sugerimos apenas que experimentem desafiar a lógica da exceção jurisdicional.

Isto tudo nos evoca uma preciosa lição de Placido Fernández-Viaga: "Os órgãos judiciais, quando aplicam o ordenamento jurídico, não tem por missão vencer a criminalidade, senão pura e simplesmente dar a razão a quem tem direito, em um caso concreto. Estão, portanto, a serviço de todos, inclusive dos delinquentes. O Poder Judiciário não se estabeleceu para a eliminação destes últimos".

A título de defender o erário, a moralidade e o bem estar das pessoas, o Poder Judiciário promoveu uma manipulação ostensiva da política nacional, tanto por providências ilegais quanto por omissões deliberadas, alçando ao Poder Executivo, paradoxalmente, um governo que, numa velocidade assustadora, operou um brutal retrocesso em termos econômicos e sociais – de que são tristes provas o aumento da mortalidade infantil, do desemprego e da miséria – e levou a cabo um venda maciça de ativos nacionais a preços vis.

Como já dissemos em outras ocasiões, o lema do "combate à corrupção", contra o qual, naturalmente, ninguém em sã consciência se opõe, serviu apenas como um Cavalo de Troia para, mais uma vez, romper o jogo democrático e subjugar o povo brasileiro. Aliás, se recuarmos um pouco na história do Brasil verificaremos que a elite se valeu deste mesmo estratagema em outras ocasiões.

A esta altura muitos devem estar se questionando: o que motivou esta parcela do Judiciário a destruir, a um só tempo, a democracia, os direitos fundamentais e o patrimônio nacional? A resposta a esta pergunta passa por uma rápida descrição, ainda que caricatural, do *padrão* de pessoas que ocupam os cargos públicos no âmbito da Justiça brasileira.

Branco, nasce no seio da classe média. Os pais, trabalhadores, acreditam piamente na meritocracia, julgam que a pobreza é fruto da preguiça e que política é coisa de bandido. A referência familiar de cultura é o tio que lê todos os dias os jornalões e nos almoços de domingo regurgita, com ar professoral, alguma mentira publicada.

Desde a mais tenra idade, frequenta escolas particulares e logo irrompe o desejo de ir à Disney. Quando chega à "América", constata a superioridade moral do povo estadunidense. Não há corrupção nem pobreza, prevalecem os direitos humanos, os "serviços públicos" funcionam e há armas à vontade. Um paraíso!

Na adolescência, continua a frequentar escolas privadas onde, naturalmente, só convive com pessoas brancas e da mesma classe social. O oceânico conhecimento que passa a amealhar vem das apostilas e de resumos de alguns clássicos da literatura que nele não despertam o mínimo interesse. Já a tocante sensibilidade social começa a aflorar em "projetos" de distribuição de presentes no dia das crianças ou de entrega de cobertores à moradores de rua quando durante o inverno.

Logo se depara com o vestibular. Intensifica-se o uso das apostilas para ingressar, de preferência, em uma Universidade com boa reputação. Não se pode, naturalmente, descartar os temas atuais, também exigidos nas provas, e, por isso, começa a ler uma revista semanal de grande circulação. Um novo mundo se descortina pelas mãos de notáveis jornalistas isentos e comprometidos com a democracia.

Ingressa na Faculdade de Direito. Entre uma festa e outra, começa a ter contato com professores extraordinários, cujas aulas se assemelham às apostilas que liam no colégio. Uma didática exemplar e nenhuma crítica: uma maravilha! Professores de filosofia ou sociologia são evitados. Para aprofundar os estudos, adquire livros caríssimos em cujos títulos há presença obrigatória de expressões como "esquematizado", "descomplicado", "sistematizado", "resumido". Ora, para que complicar?

É também durante a Faculdade de Direito que toma contato com o mercado de trabalho! Afinal, meritocracia é isso: só começar a trabalhar, ainda que como estagiário, aos 21 anos de idade.

No final do curso é confrontado com a realidade do concurso público. Coitado, terá de sofrer novamente agruras que remontam ao período tenebroso do vestibular. Para superar este desafio, matricula-se prontamente em um curso preparatório que oferece técnicas "ninja" de estudos. Dedica-se a memorizar Códigos e devorar, uma vez mais, apostilas com conteúdos sintetizados e questões de múltipla escolha.

O nosso herói não tem vida fácil. Para comprovar a experiência profissional exigida nos concursos públicos, insere o nome nas procurações outorgadas a uma tia que é sócia de um escritório de advocacia. Desta maneira pode, às expensas dos pais, dedicar-se integralmente aos estudos por vários anos até, finalmente, conquistar o tão sonhado cargo público na Justiça brasileira.

Após alguns anos no exercício do cargo, recebe em sua caixa de correio um convite para participar de um curso de formação em uma renomada Universidade estadunidense. Honrado, quase aos prantos, recorda-se dos dias na Disney e da indiscutível superioridade do gênio norte-americano. Apressa-se em aceitar o convite e, na sequência, matricula-se em uma escola de inglês onde poderá não só aprender a língua inglesa, por meio de maravilhosas apostilas, como também fazer uma "imersão" na cultura norte-americana.

Para arrematar esta história de sucesso, um belo dia recebe uma solicitação de entrevista de um jornalista que, coincidentemente, havia sido seu "guru" no período do vestibular. Dias depois, vê sua foto estampada na capa da revista semanal que outrora lhe servira de guia em matéria de "atualidades". É a consagração!

A leitura deste retrato irônico, porém real, de parcela dos integrantes do sistema de Justiça brasileiro aponta para a resposta que estamos buscando: é a *mediocridade* que levou estas pessoas a destruir os direitos fundamentais, a democracia e o patrimônio nacional.

Neles não habita qualquer *sentimento constitucional*. Ao contrário, comparece uma grosseira indiferença em relação à Constituição. Se está *na moda* respeitá-la, assim o fazem; se está fora de moda, rechaçam-na sem qualquer pudor. Da mesma forma que trocaram Miami por Lisboa.

A contrarrevolução conservadora em curso no Brasil foi *planejada* pela elite nacional e internacional que, inteligentemente, aproveitou-se dos preconceitos, do racismo, do ódio ao pobre, do deslumbramento, da má formação acadêmica, do viralatismo e da deformação de caráter dos mencionados agentes do sistema de Justiça para *reinstaurar uma ordem escravocrata, injusta e egoísta*. A antítese, portanto, da ideologia da Constituição de 1988, em cujo art. 3º se proclama a construção de uma sociedade livre, justa e solidária.

Diante deste quadro aterrador, resta-nos perguntar quais as saídas possíveis. Só a política pode recuperar a força do Direito e, nesse sentido, a Constituição de 1988, embora esvaziada em termos normativos, é um documento *político* relevante na tentativa de *ressureição* do Direito brasileiro.

Para além da óbvia refundação no modo de recrutamento dos agentes do sistema de Justiça, cujo exame, entretanto, desbordaria os limites deste ensaio, parece-nos que algumas providências imediatas poderiam ajudar na batalha a ser travada pela cidadania brasileira.

Em primeiro lugar, é preciso uma reforma integral do processo penal brasileiro, de modo a colocá-lo em sintonia com a Constituição. A parcialidade do juiz em prejuízo da defesa é notório. É inadmissível, por exemplo, a relação promíscua entre juiz e acusação, a confusão entre o juiz que investiga e o juiz que julga ou ainda a "farra" das delações premiadas antecedidas de prisões preventivas, as quais, na prática, correspondem à prática da tortura para levar o investigado à confissão de crimes.

Outra medida fundamental é a edição de uma nova lei de abuso de autoridade que explicite, de maneira pormenorizada, os comportamentos considerados como abuso de poder. Aliás, não custa recordar que a atual lei de abuso de autoridade foi promulgada em 1965, nos albores do regime militar.

Também se impõe a aprovação do projeto de Lei n. 8.347/17, que altera o Estatuto da Advocacia para criminalizar a prática de violação a direitos e prerrogativas dos advogados. Urge enfrentar a violência diária de que é vítima o direito de defesa, cujo enfraquecimento põe em risco todos os direitos fundamentais.

No tocante ao Supremo Tribunal Federal, há duas sugestões que, embora singelas, podem gerar efeitos importantes. Seriam elas o controle democrático da pauta do Supremo Tribunal Federal e a fixação de mandato para os Ministros da Corte.

Sob o ângulo social, urge a revogação da reforma trabalhista (Lei n. 13.467/2017) – cuja consequência evidente será a precarização do trabalho no Brasil – e da Emenda Constitucional n. 95/2016, conhecida como emenda do teto dos gastos públicos – cujo resultado é a morte dos direitos sociais previstos na Constituição em favor dos rentistas.

Finalmente, do ponto de vista econômico é imprescindível a anulação de todos os acordos lesivos aos interesses nacionais firmados durante o governo ilegítimo do Sr. Michel Temer.

OUTRAS PUBLICAÇÕES DA EDITORA CONTRACORRENTE

A ralé brasileira: quem é e como vive
Jessé Souza
3ª edição ampliada com nova introdução

A oligarquia brasileira: visão histórica
Fábio Konder Comparato

Manda quem pode, obedece quem tem prejuízo
Luiz Gonzaga Belluzzo e Gabriel Galípolo

O tempo de Keynes nos tempos do capitalismo
Luiz Gonzaga Belluzzo
Prefácio de Sergio Lirio

O caso Lula: a luta pela afirmação dos direitos fundamentais no Brasil
Coordenação de Cristiano Zanin Martins; Valeska Teixeira Zanin Martins e Rafael Valim
Prefácio de Geoffrey Robertson Q.C.
Com textos de Antonio Carlos Malheiros, Celso Antonio Bandeira de Mello, Geraldo Prado, Rubens Casara, Silvio Luís Ferreira da Rocha, entre outros.

A crise brasileira: coletânea de contribuições de professores da PUC/SP
Coordenação de Ladislau Dowbor e Marcelo Mosaner
Com textos de Antonio Carlos de Moraes, Antonio Corrêa Lacerda, Fábio Konder Comparato, Norma Cristina Casseb, entre outros.

Curso urgente de política para gente decente
Juan Carlos Monedero

COLEÇÃO ENSAIOS

Estado de exceção: a forma jurídica do neoliberalismo
Rafael Valim
Prefácio de Jessé Souza

A Constituição como simulacro
Luiz Moreira

Uma aproximação à teoria dos Serviços Públicos
Luis José Béjar Rivera

Como ler o Direito estrangeiro
Pierre Legrand

As raízes da corrupção: ou como o Direito Público fomenta a corrupção em vez de combatê-la
Héctor Mairal
Com os comentários de Toshio Mukai

OUTRAS PUBLICAÇÕES DA BOITEMPO

Brasil: uma biografia não autorizada
FRANCISCO DE OLIVEIRA
Apresentação de Fabio Mascaro Querido e Ruy Braga
Orelha de Marcelo Ridenti

Esquerdas do mundo, uni-vos!
BOAVENTURA DE SOUSA SANTOS
Orelha de Guilherme Boulos e Tarso Genro
Quarta capa de Nilma Lino Gomes

Gênero e desigualdades: limites da democracia no Brasil
FLÁVIA BIROLI
Orelha de Céli Pinto
Quarta capa de Albertina de Oliveira Costa

A loucura da razão econômica
DAVID HARVEY
Tradução de Artur Renzo
Orelha de Amélia Luisa Damiani

A verdade vencerá
LUIZ INÁCIO LULA DA SILVA
Organização de Ivana Jinkings com colaboração de Gilberto Maringoni, Juca Kfouri e Maria Inês Nassif
Com textos de Eric Nepomuceno, Luis Fernando Verissimo, Luis Felipe Miguel e Rafael Valim
Orelha de Luiz Felipe de Alencastro

COLEÇÃO TINTA VERMELHA

Por que gritamos golpe?
IVANA JINKINGS, KIM DORIA E MURILO CLETO (ORGS.)
Apresentação de Ivana Jinkings
Quarta capa de Luiza Erundina e Boaventura de Sousa Santos

COLEÇÃO MARX-ENGELS

Diferença entre a filosofia da natureza de Demócrito e a de Epicuro
KARL MARX
Tradução de Nélio Schneider
Apresentação de Ana Selva Albinati
Orelha de Rodnei Nascimento

COLEÇÃO ESTADO DE SÍTIO
Coordenação de Paulo Arantes

Comum: ensaio sobre a revolução no século XXI
PIERRE DARDOT E CHRISTIAN LAVAL
Tradução de Mariana Echalar
Orelha de Eleutério Prado

COLEÇÃO MARXISMO E LITERATURA
Coordenação de Michael Löwy

Ensaios sobre Brecht
WALTER BENJAMIN
Tradução de Claudia Abeling
Posfácios de Sérgio de Carvalho e José Antonio Pasta
Orelha de Iná Camargo Costa

COLEÇÃO MUNDO DO TRABALHO
Coordenação de Ricardo Antunes

O privilégio da servidão
RICARDO ANTUNES
Prefácio de Tatau Godinho
Orelha de Michael Löwy
Quarta capa de Ursula Huws e Pietro Basso

COLEÇÃO CLÁSSICOS BOITEMPO

Tempos difíceis
CHARLES DICKENS
Tradução de José Baltazar Pereira Júnior
Orelha de Daniel Puglia
Ilustrações de Harry French

SELO BARRICADA
Conselho editorial Gilberto Maringoni e Luiz Gê

Marx: uma biografia em quadrinhos
ANNE SIMON E CORINNE MAIER
Tradução de Mariana Echalar
Letras de Lilian Mitsunaga

SELO BOITATÁ

O capital para crianças
JOAN R. RIERA (ADAPTAÇÃO)
Ilustrações de Liliana Fortuny
Tradução de Thaisa Burani

A Editora Contracorrente e a Boitempo se preocupam com todos os detalhes de suas obras! Aos curiosos, informamos que esse livro foi impresso no mês de Agosto de 2018, em papel Avena, pela Gráfica Rettec.